おいしい玄米菜食レシピ

# はじめての
# マクロビオティック

成美堂出版

マクロビオティックを
もっと気軽に、
もっとおいしく、
毎日の食事に
取り入れましょう。

マクロビオティックと聞いて、とても厳しい制限があるのでは？と思っていませんか？
実はとてもシンプルで、とてもかんたん！
精白せずに栄養が丸ごととれる玄米・雑穀を中心に、丸ごとの旬の野菜、海藻、豆をたっぷり食べる体が喜ぶ食事法なのです。
まずは、玄米を食べる習慣をつけるところから、はじめてみませんか？
肩の力を抜いて、気軽に、楽しく実践しましょう！

## マクロビオティックの健康・美容効果

これはすごい！

### 便秘解消でお腹すっきり！
玄米には食物繊維が豊富に含まれているので、便秘解消にピッタリ。おかずも豆類、海藻、野菜をとるからさらに効果が期待できます。

### 体力を強化できる！
主食となる玄米には、良質のたんぱく質や各種ビタミンが含まれています。脂質の多い肉類にたんぱく源を頼らなくても、強靭な体力をつけることができるので安心。

### 健康維持に役立つ！
マクロビオティックは、昔ながらの日本食が基本。たんぱく質や脂質、糖質をとり過ぎてしまう西洋型の食事ではないため、生活習慣病のリスクが軽減。健康な毎日が送れます。

## 身も心もスッキリと軽くなるマクロビオティック

マドンナやハリウッドのセレブたちが夢中になっているというマクロビオティック。「なんだか難しそう…」「お金がかかるのでは?」と思う人も多いかもしれませんが、そんな心配は全くの無用。主食は玄米、副菜にはその土地で採れた季節の野菜を選ぶという、とてもシンプルで簡単な食事法です。肉や乳製品を控えるのが原則ですが、玄米と野菜の組み合わせは、栄養バランスが優れているうえ、カロリーの過剰摂取も防げます。生活習慣病のリスクが減り、身も心もスッキリ軽くなると大評判なのは、このシンプルさゆえのこと。いつまでも健康で美しくいるための近道、それがマクロビオティックなのです。

### 体質改善!

便秘、ニキビや吹き出物、冷えなどの気になる悩み。これもマクロビオティックなら改善を期待することができます。始めてみると、体の内側からキレイになるのがわかるはず。

### 健康的なダイエットに!

玄米は、たんぱく質、ビタミン、カルシウムなどのミネラル、食物繊維などを含む栄養バランスの優等生。野菜や豆、海藻との組み合わせは、健康的なダイエットに最適といえます。

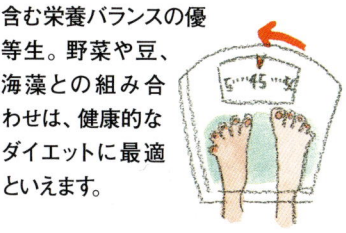

### ツヤツヤ美肌を実現!

ビタミンEは、老化の原因となる過酸化脂質の生成を防いでくれる心強い栄養素。玄米には、このビタミンEが豊富に含まれているので、ハリとつやのある美しい素肌が実現!

# おいしい玄米菜食レシピ はじめてのマクロビオティック

## 玄米菜食をはじめる前におぼえておきましょう！

- マクロビオティックの食事と献立
  玄米や雑穀、野菜、海藻、豆をバランスよく食べる …… 10
- マクロビオティックの進め方
  長続きの秘訣は、無理のないスタートを切ること …… 12
- マクロビオティックの食材の選び方
  献立に取り入れたい国産の旬の野菜・豆・海藻 …… 14
- マクロビオティックの調理のポイント
  かんたん！エコロジー！食物のパワーを丸ごと食べる …… 16
- マクロビオティックの調味料の選び方
  無添加、自然仕込みの昔ながらの本物の調味料を使う …… 18
- 自分の体質、知ってますか？
  あなたは陰性？陽性？体質チェックテスト …… 20
  - 陰性の水太りタイプ …… 21
  - 陰性の虚弱タイプ …… 24
  - 陽性の固太りタイプ …… 25
  - 陽性のカチカチタイプ …… 26
- マクロビオティックQ&A 食材＆調味料編① …… 27
  …… 28

## 玄米のおいしい炊き方＆食べ方をおぼえましょう！

- 栄養たっぷりの玄米を炊いてみよう！
  玄米の栄養はこんなにスゴイ！ …… 30
  - 基本の玄米ごはん 土鍋・ステンレスの鍋で …… 30
  - 基本の玄米ごはん 圧力鍋で …… 31
  - 基本の玄米ごはん 炊飯器で …… 32
  - 基本の玄米がゆ 玄米がゆ …… 33
- 玄米がおいしく炊けたら
  ふりかけ・佃煮・漬け物 …… 34
- 玄米をおいしく食べる
  ●ごま塩 …… 35
  ・ごま塩をつくる …… 36
  ●ふりかけをつくる
  ・青のりのふりかけ／カリカリ梅のふりかけ／かぶの葉ふりかけ …… 36
  ●佃煮をつくる
  ・のりの佃煮／昆布の佃煮 …… 37
  ●漬け物をつくる
  ・れんこんのゆかり漬け／みょうがの甘酢漬け ほかにもこんな漬け物がおすすめ！ …… 38
  ●玄米ごはん・おかゆバリエレシピ
  ・きのこの豆乳リゾット …… 39
  ・香味みそおにぎり●おにぎりの具いろいろ …… 40
  ・ひじきのしょうが煮の混ぜごはん／豆乳み …… 41
- そおじや …… 42
- 簡単いなりずし／玄米の冷汁風 …… 43
- 小豆玄米がゆ／かぼちゃ玄米がゆ …… 44
- 木の実がゆ／かぶのあんかけがゆ …… 45
- マクロビオティックQ&A 食材＆調味料編② …… 46

## 毎日続けられる！玄米菜食メニュー 朝・昼・夜 1week！

- マクロビオティック調理の基本 野菜の扱い方 …… 48
- だしの取り方 …… 49
- 日曜日の献立 朝
  ごま塩おにぎり／豆腐とわかめの麦みそ汁／きんぴらごぼう／焼きのり／たくあん …… 50
- 日曜日の献立 昼
  天ぷらそば／海藻サラダ 梅豆腐ドレッシング／いんげんのごまあえ …… 52
- 日曜日の献立 夜
  玄米ごはん／グリーンピーススープ／れんこんフライ／テンペのマリネ風サラダ …… 54
- 月曜日の献立 朝
  玄米おかゆ／玉ねぎと油揚げのみそ汁／もみ大根／昆布の佃煮／ごま塩 …… 56
- 月曜日の献立 昼
  きんぴらの玄米バーガー／コールスロー／りんごのレモンマリネ …… 58

6

## 月曜日の献立 夜
玄米ごはん／ミネストローネ風スープ／豆腐ハンバーグ／セロリとゆかりの浅漬け／かぼちゃの洋風茶巾 60

## 火曜日の献立 朝
大根の梅おじや／キャベツと塩昆布のあえ物／れんこんの甘酢漬け 62

## 火曜日の献立 昼
玄米ごはん　ごま塩かけ／白身魚の木の芽みそ焼き／卵の花炒り／きくらげとブロッコリーのごま酢あえ 64

## 火曜日の献立 夜
玄米ごはん／もずくのみそ汁／高野豆腐の含め煮／のりの佃煮／かぶの即席漬け 66

## 水曜日の献立 朝
牛丼風味の玉ねぎ＆干ししいたけうま煮のせごはん／お麩とわかめのみそ汁／湯豆腐／おかひじきのサラダ 68

## 水曜日の献立 昼
五目いなりずし／ひじきの煮物／れんこんと大豆の梅あえ／三年番茶 70

## 水曜日の献立 夜
玄米ごはん／根菜のポトフ／切り昆布のサラダ／豆乳のブラマンジェ 72

## 木曜日の献立 朝
豆腐のみそおじや／岩のりのおろしあえ／白菜のゆず風味漬け 74

## 木曜日の献立 昼
玄米ごはん　ごま塩かけ／テンペとブロッコリーのみそ炒め／こんにゃくの炒り煮／パリパリピクルス 76

## 木曜日の献立 夜
玄米ごはん／きくらげと豆腐の中華風スープ／生春巻き／ガドガド／なます 78

## 金曜日の献立 朝
全粒粉のクレープ／豆乳黒ごまスープ／海藻とゆばのサラダ　ごま酢みそドレッシング／かぼちゃのグラッセ 80

## 金曜日の献立 昼
白身魚のそぼろごはん／厚揚げのごま炊き／にんじんのナムル／国産オレンジ 82

## 金曜日の献立 夜
玄米コロッケ／オニオングラタンスープ／温野菜サラダ　豆腐マヨネーズ 84

## 土曜日の献立 朝
納豆とろろ丼／キャベツと油揚げのみそ汁／あずきとかぼちゃの煮物／梅干し 86

## 土曜日の献立 昼
きつねうどん／テンペのきんぴら／もずく酢／くずきり 88

## 土曜日の献立 夜
玄米ごはん／中華風わかめスープ／麻婆豆腐／春雨サラダ／きくらげの佃煮 90

## マクロビオティックQ&A 栄養・実践編 92

# 素材別玄米菜食応用レシピ

## 穀類・粉製品
そばがき 94／そばサラダ・みそ煮込みうどん 95／全粒粉パスタのペペロンチーノ・和風きのこパスタ 96／全粒粉のくるみパン 97

## にんじん・ごぼう
きんぴらごぼう 98／にんじんのホットサラダ・にんじんともやしのナッツあえ／ごぼうのかき揚げ・ごぼうのごまみそ煮 100／五目豆 101

## れんこん
れんこんと豆腐の揚げだんご 102／れんこん炒め煮・れんこんのフリット・れんこんのわさびじょうゆ焼き 103

## かぼちゃ
かぼちゃの豆乳グラタン 104／かぼちゃの煮物・かぼちゃのサラダ・かぼちゃの天ぷら 105

## 大根・かぶ
ふろふき大根 106／かぶと油揚げの煮浸し・大根のパリパリサラダ・かぶのゆずしょうゆあえ 107

## その他の野菜
オニオンフライ 108／ねぎの豆乳煮・きのこの梅あえ・ザーサイ風白菜漬け 109／キャベツののりあえ・小松菜と板麩の炒め煮・ブロッコリーのごまみそあえ 110／さやいんげんのゆば巻き揚げ 111

## ひじき
ひじきと枝豆のサラダ 112／ひじきの煮物・ひじきの白あえ・ひじきともやしの酢の物 113

## 切り干し大根
切り干し大根の煮物 114／切り干し大根とこんにゃくの炒め物・切り干し大根と切り昆布のハリハリ漬け・切り干し大根のナムル風 115

## 干ししいたけ
干ししいたけと豆腐のとろとろ煮 116／干し

しいたけの甘辛煮・干ししいたけと厚揚げの炒め物・干ししいたけと大根のうま煮 117

## 玄米ごはんに合う みそ汁・スープ

みそ仕立てのけんちん汁／納豆みそ汁／ごまみそ汁／オクラとみょうがのみそ汁 118
冬瓜のとろとろスープ／豆腐の梅すまし汁／春雨と白菜のあっさりスープ／豆乳のコーンポタージュ 120

## 納豆・豆類

納豆おやき 122／納豆と五色野菜のあえ物・納豆とわかめの酢じょうゆあえ 123／ガルバンゾーサラダ・大豆と切り昆布の煮物 124／キドニービーンズ（金時豆）のマリネ・テンペの竜田揚げ 125

## 豆製品

豆腐ステーキ 126／豆腐の豆乳鍋・豆腐とチンゲン菜の中華風炒め煮 127／厚揚げの納豆はさみ焼き・油揚げのねぎみそ焼き 128／ゆばの香味サラダ わさびじょうゆドレッシング・豆腐とセイタンのメンチカツ 129

## 高野豆腐

高野豆腐のフライ 130／高野豆腐とかぶのみそ煮・高野豆腐の煮物・高野豆腐とそら豆のごまあえ 131

## 白身魚

揚げ魚の甘酢あんかけ 132／白身魚のムニエル 枝豆ソース・鯛の潮汁・白身魚の香り煮 133

## 食後のデザート

愛玉子風寒天ゼリー 134
黒豆ムース 135
かぼちゃの茶巾 あずきがけ 136
ぶどうの白あえ／りんごのコンポート 137
ソフトかりんとう3種 138

マクロビオティックおすすめ！市販のおやつ 139
マクロビオティックおすすめ！飲み物 140
三年番茶・コーヒー風ノンカフェイン飲料

マクロビオティックQ&A 番外編 142

## マクロビオティックおすすめ 食材＆調味料

玄米 144
穀類 145
粉・粉製品 146
豆類 147
豆製品 148
魚類 149
野菜類 150
乾物 151
海藻類 152
その他の食材 153
調味料 154

マクロビオティックおすすめ食材 問い合わせ先 一覧 156

材料別料理さくいん 158

×××××××××××××××××× この本の使い方 ××××××××××××××××××

＊料理の材料は2人分を基本としています。
＊玄米1合＝炊飯器のカップ1杯＝180mlとしています。
＊計量単位は、1カップ＝200ml、大さじ1＝15ml、小さじ1＝5mlとしています。

■ 栄養マークの見方
P50〜91の下記のマークは、献立1食分のエネルギーと18歳以上の成人に必要な1日の栄養所要量を1/3に換算し、その所要量を満たしている主な栄養素をマークとして表わしています。

| 総エネルギー000kcal | Ca | Fe | A | B1 | B2 | B6 | B12 | C | E | 食物繊維 |
|---|---|---|---|---|---|---|---|---|---|---|
| 総エネルギー：1人分の朝、昼、夜それぞれの1食分のエネルギーを表わしています。 | カルシウム | 鉄 | ビタミンA | ビタミンB1 | ビタミンB2 | ビタミンB6 | ビタミンB12 | ビタミンC | ビタミンE | 食物繊維 |

エネルギー 000kcal …P94〜138のマークは1人分のエネルギーを表わします。

# 玄米菜食を
# はじめる前に
# おぼえておきましょう!

**マクロビオティック**
食事と献立／進め方／食材の選び方／調理のポイント／調味料の選び方
体質チェックテスト

マクロビオティックの食事と献立

# 玄米や雑穀、野菜、海藻、豆をバランスよく食べる

マクロビオティックの基本は、玄米と雑穀、野菜、海藻、豆をバランスよく食べること。体の中からきれいになることがわかるはず！

## 食事の半分強は、玄米を食べましょう

マクロビオティックの主食は穀類。日本人ならまずはお米ですが、精製されていない玄米を選びましょう。どのくらい食べればいいかというと、食事量の約50～60％の割合がベスト。人間の歯は、全部で32本あり、左右上下対称なので、それぞれ8本と考えます。奥歯の白歯5本は穀類や豆類を噛む歯、前歯の切歯2本は野菜や果物を、残りの犬歯1本が肉や魚を噛む歯と考えられるので、この割合で献立にあてはめればいいのです。たっぷりの玄米と少しのおかず。これがマクロビオティックの基本となります。

### 玄米の選び方のポイント

お米を丸ごと食べる玄米だからこそ、栽培方法と産地にこだわりましょう。まずは、農薬などを使っていない有機栽培のオーガニックであることが鉄則です。新しいものを少量ずつ購入して、新鮮なうちに使い切ることがポイント。（詳しくはP144）

## 分づき米を活用しましょう

玄米と白米の中間に位置するのが、分づき米。白米から、いきなり玄米に切り替えるのに抵抗がある人は、7分づき米→5分づき米→3分づき米→玄米と、移行しながら少しずつ慣れていきましょう。

**3分づき米**
玄米からぬか層などを3割ほど取り除いたもの。

**5分づき米**
玄米からぬか層などを5割取り除いたもの。

**7分づき米**
玄米からぬか層などを7割取り除いたもの。

玄米菜食をはじめる前におぼえておきましょう！

マクロビオティックの食事と献立

# マクロビオティック献立例

**副食（主菜）**
豆・豆製品やセイタン、テンペなどのたんぱく源をメインとし、野菜と組み合わせて作ります。時々なら、白身魚も取り入れてみましょう。

**副食（副菜）**
野菜、海藻などを主に使って作ります。乾物も便利なので、小さいおかずとしておすすめです。

**主食**
日常の食事の中心となる穀物は、ビタミン、ミネラルが豊富な玄米を中心に、ひえやあわなどの雑穀、全粒粉を使った麺類、パンなどがおすすめです。

**汁物**
昆布と干ししいたけのだしを使います。パサパサしがちな玄米も汁物があることで食べやすくなり、具も海藻、野菜、豆製品などを取り入れられます。

- 豆類や海藻類 5〜10%
- 汁物
- 玄米などの穀類 50〜60%
- 副菜でとる野菜 20〜30%

## 献立を考えるときに必要なことって？

献立を考えるときには、主食、副食、汁物の割合を考えます。主食である玄米は、前述の通り、食事量の50〜60％。副食で摂る野菜は、食事量の20〜30％。そして、豆類や海藻類で5〜10％、そして汁物をプラス。「おかずの量が少ないのでは？」と思うかもしれませんが、現代の食生活は、おかずに偏りがち。これも健康のバランスを崩すひとつの原因。面倒くさがりの人でも続けられそうですね。

マクロビオティックの進め方

# 長続きの秘訣は、無理のないスタートを切ること

慣れきってしまった西洋型の食生活を、いきなりガラリと変えるのは難しいもの。長く続ける秘訣は、無理をしないこと。少しずつ親しんでいきましょう。

## まずは、1日1食から始めてみましょう

玄米を食べ慣れていないと、最初は「ぼそぼそして食べにくい」と思うかもしれません。朝、昼、晩と毎日続けるのは、ちょっと…、と挫折しないためにも、初めは1日1食からスタートしてみませんか。

玄米ごはんに、野菜のみそ汁、のりと漬け物。こんな簡単なメニューなら、朝食にピッタリですね。もちろん、お昼でも夜でもOK。自分のライフスタイルに合わせて、取り入れやすいところから始めてみてください。

## 週末だけでもOK

平日は忙しくて、無理かもしれない。そんな人は、週末だけのウィークエンド・マクロビオティックでもかまいません。土曜、日曜の2日間だけでも、体調の違いが確認できるはず。ウィークデイの疲れを、マクロビオティックの週末でリセットしてみてはいかがでしょうか。ごま塩ふりかけた玄米ごはんと、昆布だしのみそ汁、それに旬野菜や海藻、豆を使ったおかずをプラスすれば、バリエーションも楽しめます。初めはとにかく無理をしないこと。自分のペースでマクロビオティック生活の心地よさを体感してください。

### 週末マクロビオティック献立例

|   | 朝 | 昼 | 夜 |
|---|---|---|---|
| 日 | *ごま塩おにぎり（玄米）<br>*豆腐とわかめの麦みそ汁<br>*きんぴらごぼう<br>*焼きのり<br>*たくあん（無添加のものを選ぶ）<br>(材料と作り方はP50) | *天ぷらそば（全粒粉そば使用）<br>*海藻サラダ梅豆腐ドレッシング<br>*いんげんのごまあえ<br>(材料と作り方はP52) | *玄米ごはん<br>*グリーンピーススープ<br>*れんこんフライ<br>*テンペのマリネ風サラダ<br>(材料と作り方はP54) |
| 月火水木金 | 普通の食事<br>なるべく野菜を多めに<br>バランスのよい食事を心がけて | | |
| 土 | *納豆とろろ丼（玄米）<br>*キャベツと油揚げのみそ汁<br>*あずきとかぼちゃの煮物<br>*梅干し<br>(材料と作り方はP86) | *きつねうどん<br>*テンペのきんぴら<br>*もずく酢<br>*くずきり<br>(材料と作り方はP88) | *玄米ごはん<br>*中華風わかめスープ<br>*麻婆豆腐<br>*春雨サラダ<br>*きくらげの佃煮<br>(材料と作り方はP90) |

## 動物性食品も週に2日程度ならOK

マクロビオティックでは、玄米、大豆、ごまなど、良質な植物性たんぱく質をたくさんとります。肉や魚、乳製品の動物性たんぱく質は、なるべく控えた方がよいのですが、慣れるまでは食べる回数を減らすようにしてみてください。その場合は、新鮮で脂肪分の少ない白身魚（ひらめ、たら、かれいなど）や近海でとれる比較的小さな魚がベスト。週に2回程度に抑えるよう気をつけましょう。

### なるべく避けた方がいい食品

**日本では採れないもの**
はちみつ、南国の果物、コーヒーなど

**日本人がかつては食べていなかったもの**
肉、動物性脂肪、乳製品、極端に辛いスパイスやハーブなど

**化学的に加工されたもの**
精製砂糖、チョコレート、化学調味料など

マクロビオティックの食材の選び方

# 献立に取り入れたい
# 国産の旬の野菜・豆・海藻

マクロビオティックの基本として大切な考え方が「身土不二」。季節に採れるその土地のものを食事に取り入れていきましょう。

**身土不二**
しんどふじ

## 土地柄と季節に合った食べ物を食べましょう！

### 身土不二って？

飽食の時代といわれる現代の日本では、1年中同じものを食べることができ、世界各国の食材を簡単に手に入れることができます。一見、豊かなように思えますが、人間も自然環境の一部分だと考えると、矛盾が出てきてしまうことに。この矛盾が、昔にはなかった病気（生活習慣病やアレルギーなど）の原因になっているともいえるのです。

マクロビオティックは「身土不二」という考え方が基本。これは、「身体（身）と環境（土）は、バラバラではない（不二）」という意味。環境と身体がマッチする食べ物とは、季節に採れるその土地のもの。つまり、国産品で旬のものを食べていれば、自然に反することがないというわけです。

14

玄米菜食をはじめる前におぼえておきましょう！

マクロビオティックの食材の選び方

# なるべく無農薬の有機野菜を取り入れて

「その土地で採れたもの」「季節のもの」が、野菜を選ぶときのポイントですが、もうひとつ大切な要素があります。それは、「無農薬有機栽培のもの」を選ぶようにすること。日本では農林水産省からガイドラインが示されましたが、一部有機肥料を使っただけで「有機栽培」と表示してしまう場合も多いので、生産者がはっきりしているものや、信頼のできるグループが取り扱っているものなど、確かな目でセレクトするようにしましょう。

穀物にしろ野菜にしろ、無農薬の有機栽培がいいことはいうまでもありません。農薬や化学肥料は、体に悪影響を及ぼすだけでなく、土地や水や空気といった地球環境を広く汚染する原因に。無農薬有機栽培の野菜は、少し値段が高いですが、健康や環境のことを考えて長い目で見れば、決して高価な買い物ではありません。消費者が増えれば、それだけ価格も安くなるでしょうから、なるべく安心で安全な食材を選ぶようにしたいものです。

## 無農薬と有機栽培の違いって？

無農薬栽培とは、害虫駆除などの農薬を使わずに作物を育てる方法。そして、有機栽培とは、化学肥料を使わず自然界にある成分を肥料とする方法です。化学肥料を使うと、一時的に生産量は増えますが、土が持つ自己施肥機能が衰え、土地がやせてしまいます。そうなると、さらに化学肥料を使うことになり、作物は衰弱し、害虫被害が増え、農薬を散布することに…。こうした悪循環が続くと、土地は完全に死んでしまいます。

## 食物の陰と陽

マクロビオティックの根底には、「陰陽」の考え方があります。陰陽とは、森羅万象すべてに存在する性質のこと。簡単にいえば、陰とは「拡散していく遠心的なエネルギー」で、陽とは「収縮していく求心的なエネルギー」。人間も食べ物も、この陰陽の性質を両方、持っています。食べ物を例にとると、動物性のほうが陽性、植物性が陰性。寒い地域で育つものが陽性で、暑い地方のものが陰性。陰陽のどちらか一方に偏りすぎていない、バランスのとれた食物をとることが大切です。

### 旬の野菜一覧

| | |
|---|---|
| 春 spring | にんじん・菜の花・クレソン・大根・万能ねぎ・春ごぼう・三つ葉・新玉ねぎ・キャベツ・貝割れ大根・さやえんどう・さやいんげん・セロリ・かぶ・れんこん・カリフラワー・ブロッコリー・スナップえんどう・長ねぎ・たけのこ・白菜・小松菜・そら豆・ルッコラ・グリーンピース |
| 夏 summer | とうもろこし・ラディッシュ・レタス・きゅうり・かぼちゃ・枝豆・とうがん・じゅんさい・ルッコラ・おかひじき・もやし・みょうが・しょうが・青じそ |
| 秋 autumn | 栗・生しいたけ・まいたけ・しめじ・えのきだけ・エリンギ・山いも・ごぼう・れんこん・かぼちゃ・菊の花 |
| 冬 winter | 白菜・長ねぎ・春菊・大根・ブロッコリー・カリフラワー・ぎんなん・水菜・ゆり根・ゆず |

マクロビオティックの調理ポイント

# かんたん！エコロジー！食物のパワーを丸ごと食べる

いつも何気なく捨ててしまう野菜の皮や根。皮も根も捨てずに料理に使ってすべてをいただきましょう。

## 皮はむかずに、丸ごと食べる

**一物全体（いちぶつぜんたい）**

「一物全体」とは、「ひとつのものを丸ごと食べる」という意味で、マクロビオティックの基本的な考えのひとつ。だから、精白していない玄米を勧めているわけです。野菜も同様。皮はむかず、根も捨てず、全てをいただくようにしましょう。皮や皮に近い部分にだけ含まれている栄養もあるので、捨てるなんてもったいない！　皮つきだと味に深みも出てくるので、きちんと洗って「丸ごと食べる」を実践してみてください。調理の手間が省けるうえ、生ゴミも出ない。人と地球にやさしい方法なのです。

16

玄米菜食をはじめる前におぼえておきましょう！

## マクロビオティックの調理ポイント

# 芯や根も工夫して食べる

キャベツの芯や玉ねぎ、長ねぎの根も工夫次第でおいしく食べられます。芯は、薄くスライスして、やわらかい部分よりも長く熱を加えればOK。また、根はよく洗い、細かく刻んで、炒めたり、煮込んだり、揚げたりすれば大丈夫。普段は捨ててしまうこのような固い部分には、食物繊維がたっぷり含まれています。わざわざサプリメントでダイエタリー・ファイバーをとらなくても、全体食ならしっかりと必要な栄養を摂取することができるのです。

### 芯と根はこうして使う！

キャベツの芯は刻んでみそ汁の具に

長ねぎの根はよく洗って細かく刻んで炒め物に

小松菜の根はよく洗って煮浸しに

キャベツの芯は炒め物や煮込みに。

長ねぎの根もよく刻んで。

# ゆでこぼさず、アクを抜かない

マクロビオティックでは、素材の自然な味わいを楽しむため、また栄養的な観点からも、ゆでこぼしたり、アクを抜いたりはしません。アクの主成分はシュウ酸やタンニンなどで、渋みやえぐみがありますが、ごぼうやれんこんなどは水にさらさず、油で炒めればアクも身のうちですからおいしくいただけます。水戻しが必要な海藻や乾物も、短時間で水から出すようにしたり、洗ってから水に浸けて戻した水を再利用したりと、素材の成分をなるべく逃がさないような工夫をしましょう。

### 調理法を工夫しておいしく食べる

#### 蒸す・ゆでる
有機野菜を皮つきのままおいしく食べるには、蒸す、ゆでるなどして、素材の味を引き出して食べるのが一番。自然塩やオリーブ油などをかけて。アクの強いほうれん草やワラビなどの山菜は、さっと水にさらしてからいただきましょう。

#### 生で
新鮮な有機野菜はよく洗い皮つきのまま刻んで、豆や海藻と合わせてサラダに。

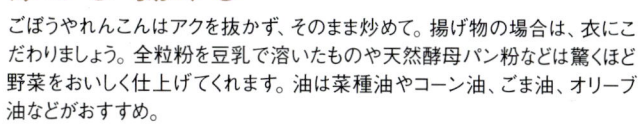

#### 炒める・揚げる
ごぼうやれんこんはアクを抜かず、そのまま炒めて。揚げ物の場合は、衣にこだわりましょう。全粒粉を豆乳で溶いたものや天然酵母パン粉などは驚くほど野菜をおいしく仕上げてくれます。油は菜種油やコーン油、ごま油、オリーブ油などがおすすめ。

#### 煮る
にんじんや大根を煮るときも、皮つきのままなので、煮崩れなどを気にしなくてもOK。調味料は本物にこだわっておいしく仕上げましょう。

マクロビオティックの調味料の選び方

# 無添加、自然仕込みの昔ながらの本物の調味料を使う

玄米菜食だからこそ、調味料にはこだわりたい。精製されていない、化学調味料を使わない無添加などをポイントに選びましょう。

## 塩

ミネラルバランスが整った甘みを持つ自然塩

**選び方のポイント**

◆原料と製法

海水から作られる自然塩には、海水の主成分である塩化ナトリウムだけでなく、60種類以上ものミネラルが含まれています。わずかに甘みがあるので、料理の味がまろやかに仕上がるのもうれしい限り。

◆おすすめは？

塩を選ぶなら、ずばり天然海塩が最適。健康面でも味覚面でも、納得がいくはずです。ちなみに、工場で作られるいわゆる「食塩」には、塩化ナトリウム以外のミネラルがほとんど含まれていません。また、料理に使っても味が単調になってしまいますので、ご注意を。

## しょうゆ

原料をしっかりチェックして、本醸造のものを

**選び方のポイント**

◆原料と製法

原料は「丸大豆、丸小麦、自然海塩、水」。脱脂大豆やカラメル色素、アミノ酸などの添加物を加えたものは避けるようにしましょう。しょうゆは、丸大豆を蒸したものに、小麦と種こうじを加え発酵させ「こうじ」を作ります。塩水と一緒にこの「こうじ」を仕込み、1〜3年かけて熟成。

◆おすすめは？

昔ながらの製法でじっくりと熟成されたものは、天然のアミノ酸がたっぷり。腸内環境を整える善玉菌を増やす微生物が生きているのでおすすめです。

18

玄米菜食をはじめる前におぼえておきましょう！

## マクロビオティックの調味料の選び方

## 油

**昔ながらの製法で抽出した、植物性の油がベスト**

### 選び方のポイント

◆原料と製法

大量生産で作られる油は、化学溶剤で抽出され、さまざまな添加物が加えられています。薬品処理や高熱処理をしていない、伝統的な圧搾法で搾られた油を選ぶようにしましょう。

◆おすすめは？

ごま油やコーン油、菜種油などは、カロテンをはじめとするビタミン類が豊富。そのうえ、酸化を防ぐ天然の成分が含まれているので、安心です。自然の方法でしぼられたオリーブ油、大豆油は、風味もうまみも満点。一度、その味を知ったら、手放せなくなるでしょう。

## みそ

**自然仕込みのみそは、そのままでおかずになるほど**

### 選び方のポイント

◆原料と製法

「大豆とこうじと塩」。こうじの種類で、豆みそ、麦みそ、米みそなどに分けられます。伝統的な製法は、蒸し上がった大豆にこうじと塩を仕込み、じっくりと熟成。しょうゆと違い、大豆を丸ごと使うみそはたんぱく質を摂取できます。

◆おすすめは？

2～3年ほど、じっくりと熟成された無添加のみそは、天然の発酵作用で、うまみと甘みとコクと照りが生まれます。お湯を注げば、おいしいみそ汁になるほど！短期間で作られるみそには、漂白剤や化学調味料などの添加物が多く使われているので、要注意。

## 甘み

**穏やかに満足感の得られる甜菜糖・米あめが最適！**

### 選び方のポイント

◆原料と製法

甘味料を選ぶときは、多糖類の穀物から作った甘みをセレクト。多糖類とは、ブドウ糖などの単糖類がたくさんつながったもの。消化・吸収がゆっくりとしているので、とても体にやさしい甘みです。反対に精製された上白糖は、ブドウ糖と果糖が2つつながっただけの二糖類。吸収が早いため、血糖値の上昇が気になります。

◆おすすめは？

上白糖の原料にもなる甜菜を未精製のまま作られた甜菜糖はビタミンやミネラル、オリゴ糖が多く含まれます。また、もち米と大麦麦芽が原料の米あめも最適。

## 酢

**ほんのりその香りが食欲を誘う、梅酢を活用！**

### 選び方のポイント

◆原料と製法

酢の原料は米、麦、とうもろこしなどですが、これらの原料が無農薬有機栽培で育ったものであることがポイント。マクロビオティックでは、米酢より玄米酢のほうがおすすめです。また、梅酢もよく使われますが、梅と自然海塩を原料としたものを選んでください。

◆おすすめは？

代謝をすすめてくれるお酢。中でもおすすめは梅酢です。梅干しを作るときにできる副産物で、赤い色とシソの香りが特徴的。漬け物やあえ物、酢めしなど、幅広く使えます。

# 自分の体質、知ってますか？

いざ、マクロビオティックをはじめよう！と思っても、自己流では少し不安。まずは自分の体質を知るところからはじめてみませんか。

## それぞれの体質に合わせて、食材や調理法を選びます

マクロビオティックでは、それぞれの人の体質を「陰性」と「陽性」に分けて考えます。21ページからの体質テストで、体質をチェックしてみてください。この「陰性」または「陽性」の体質によって、食材や調理法が変わってきます。ただし、陰と陽は、個人の中で複雑に絡み合っているもので、完全に「陰性」は、どちらかに傾きすぎず、バランスが取れていればOK。また、体調は日々、変化するものなので、このテストはあくまでも目安です。バランスのよい食事をとって、体内を整えることが基本です。

## 標準メニューをまず、試してみよう！

体質別のメニューをバランスよく組み合わせたものが、マクロビオティックの標準メニューです。自分の体質が「陰性」なのか「陽性」なのか、テストでもはっきりしない。また、今はどちらにも傾いていない、そんな人は、まずこの標準メニューからトライしてみましょう。このメニューでマクロビオティックの基本がマスターできるはず。あとは、体調に合わせて、内容を調整していけばOK。臨機応変にメニューを組めるようになれば、もう立派なマクロビオティストです！

### 標準メニュー

| 主食 | 玄米ごはんを中心に、ときにおかゆなど。また時には、他の穀物をご飯に混ぜたり、パンにしたり、麺類で食べてもOK。 |
|---|---|
| おかず | 日によって、いろいろな種類のものを。野菜、豆類、海藻、大豆加工品などを中心に。量はあまり多すぎないように注意。 |
| 調味料 | 体調や好みに合わせて。ごま塩は、ごま8：塩2の割合で。 |
| 料理法 | 野菜の切り方は、大きすぎず小さすぎず。加熱時間は、長すぎず短すぎず。 |
| 飲み物 | 普通に。 |
| その他 | りんごやみかんなど、季節の果物をたまに。 |

玄米菜食をはじめる前におぼえておきましょう！

体質チェックテスト

# あなたは陰性？陽性？

Q1からQ26までの体質に関わる質問があります。aとbのどちらかあてはまる方を選んでください。

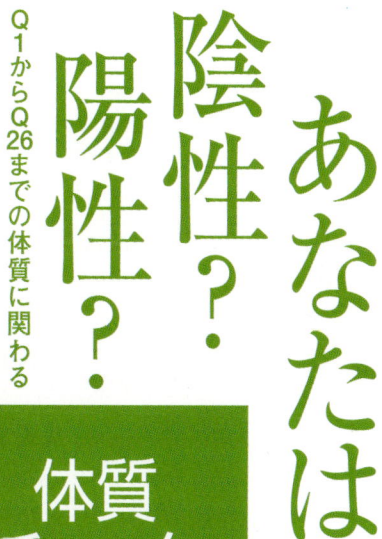

参考：「マクロビオティックガイドブック」日本CI協会・正食協会共編

## 体質チェックテスト

### 顔

**Q1 顔の形は？**
a. 細長い
b. 丸い・えらがはっている

**Q2 顔の色は？**
a. 青白い
b. 赤黒い

**Q3 顔の肉づきは？**
a. ふっくらしている
b. 締まっている

### 体つき

**Q4 背の高さは？**
a. 高い
b. 低い

**Q5 身体の肉づきは？**
a. やわらかい
b. 締まっている

**Q6 手のひらはいつも？**
a. 湿っている
b. 乾いている

## 声・話し方

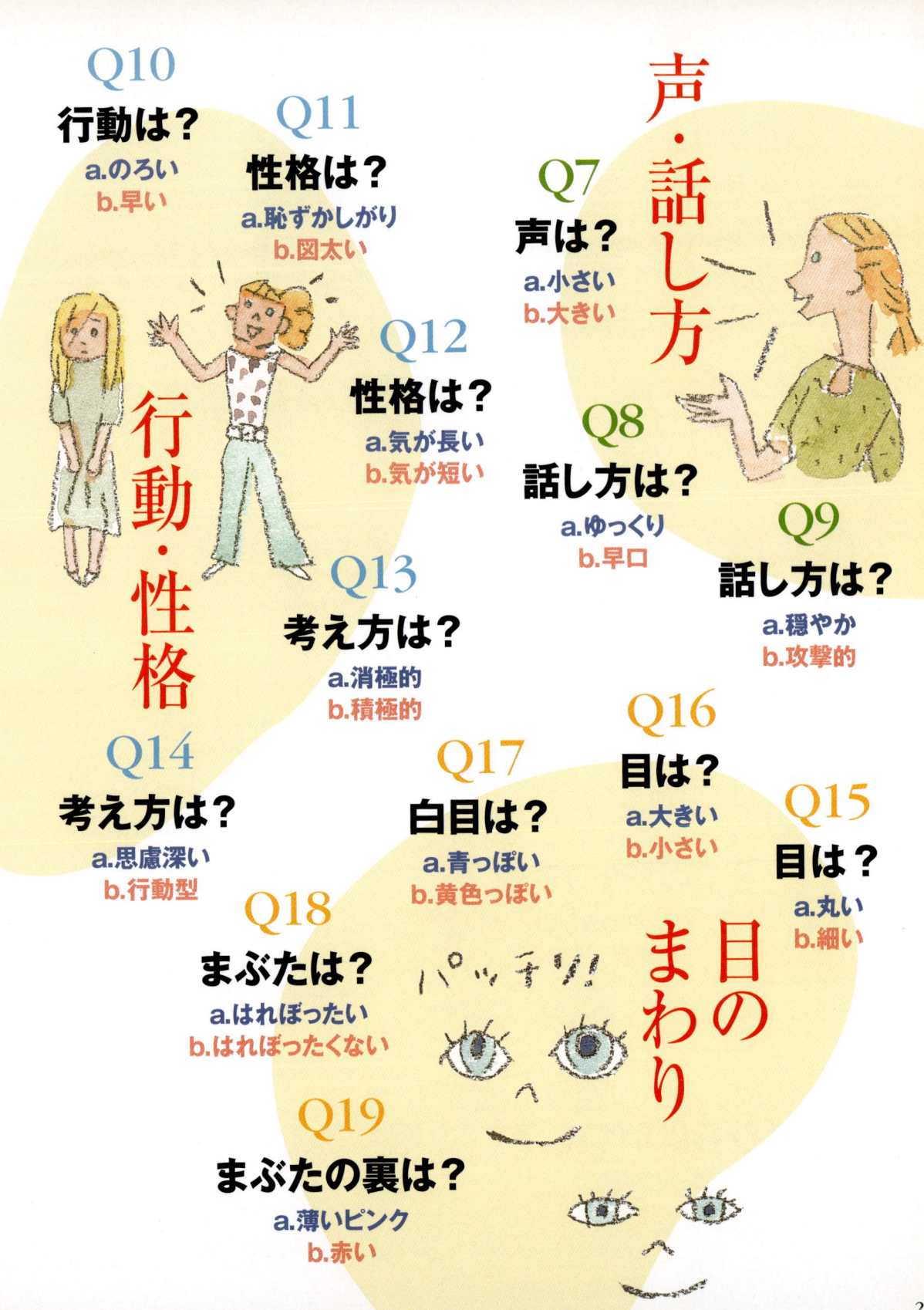

### Q7 声は？
a. 小さい
b. 大きい

### Q8 話し方は？
a. ゆっくり
b. 早口

### Q9 話し方は？
a. 穏やか
b. 攻撃的

## 行動・性格

### Q10 行動は？
a. のろい
b. 早い

### Q11 性格は？
a. 恥ずかしがり
b. 図太い

### Q12 性格は？
a. 気が長い
b. 気が短い

### Q13 考え方は？
a. 消極的
b. 積極的

### Q14 考え方は？
a. 思慮深い
b. 行動型

## 目のまわり

### Q15 目は？
a. 丸い
b. 細い

### Q16 目は？
a. 大きい
b. 小さい

### Q17 白目は？
a. 青っぽい
b. 黄色っぽい

### Q18 まぶたは？
a. はれぼったい
b. はれぼったくない

### Q19 まぶたの裏は？
a. 薄いピンク
b. 赤い

玄米菜食をはじめる前におぼえておきましょう！ 体質チェックテスト

## 排せつ

**Q24 尿の色は？**
a. 薄い
b. 濃い

**Q25 尿の回数 1日に？**
a. 女：3回以上　男：4回以上
b. 女：3回未満　男：4回未満

**Q26 便の状態は？**
a. 黄土色・黄色・緑色
b. 焦げ茶色

## 体調

**Q20 脈は？**
a. 遅い
b. 速い

**Q21 血圧は？**
a. 低い
b. 高い

**Q22 体温は？**
a. 低い
b. 高い

**Q23 食欲は？**
a. ない
b. 旺盛

## 診断

**a の多かった人**
・・・・陰性タイプ

**b の多かった人**
・・・・陽性タイプ

体質チェックテストはいかがでしたか？自分が陰性か陽性かわかったら、右の表に当てはめてみてください。陰性の人は右半分、陽性の人は左半分のどちらかにあてはまるタイプが、あなたの体質です。

|  | ふくらむ |  |
|---|---|---|
| 肉、魚などのたんぱく質大好き | | 甘いお菓子や飲み物が好きでぽっちゃり |
| **陽性の固太りタイプ**（P26へ） | | **陰性の水太りタイプ**（P24へ） |
| 血が濃い | | 血が薄い |
| 塩辛いものが好き | | 食欲がなく、やせている方だと思う |
| **陽性のカチカチタイプ**（P27へ） | 縮む | **陰性の虚弱タイプ**（P25へ） |

# 陰性の水太りタイプ

甘いお菓子や飲み物、果物が大好きで、体がゆるみふくれてしまっているタイプです。テレビを見ながら、知らぬ間にお菓子を口にしている…なんて生活になっていませんか？

まずは、大好きな甘いものを控えるようにすることが大切。お菓子や甘い飲み物、果物など、極端に陰性が強い食べ物ばかりを食べていると、体がゆるんでしまいます。玄米を中心としたメニューに切り替え、陰性に傾いている体質のバランスを戻しましょう。

## おかず

### なるべく陽性の野菜を。量は少なめに！

主食の玄米で、しっかりと栄養をとることができます。おかずになる食材は陰性のものが多いので、なるべく少なめを心がけて。れんこんやにんじんなど陽性の根菜類の煮物を献立に取り入れ、彩りを加えれば寂しくないはず。

## 主食

### 玄米、五穀、雑穀など。圧力鍋を使って炊く。

玄米を中心とした主食に切り替えましょう。たまに、五穀や雑穀などを玄米に混ぜてもOK。圧力をかけて調理した食材は、より陽性になるので、このタイプの人は、圧力鍋を使って、玄米や五穀を炊き上げてください。

*圧力鍋で炊いた玄米ごはん*

## 飲み物

### 体をゆるめる水分はなるべく控えめに。

体がゆるんで水太りをしてしまっているこのタイプの人が、さらに水分をとれば…。もう、おわかりですね。飲み物は、なるべく控えめにするようにしましょう。特に、甘いジュースなどは厳禁。冷たい飲み物も避けるように。

## 調理法

### 加熱時間は長く、温かいものを。

長時間、熱を加えた食べ物は、より陽性になります。したがって、陰性に傾いているこのタイプの人は、加熱時間を長くした温かい料理を食べるようにしましょう。根菜類の炒め煮やスープなどがおすすめです。

## 調味料

### 塩気をやや多めに。梅干しなども活用。

調味料は、塩気をやや多めにとるようにしてください。主食の玄米などにかけるごま塩の割合も、ごま7：塩3の割合で。梅干しやみそ、しょうゆなども上手に取り入れながら、メニューを工夫してみてください。

# 陰性の虚弱タイプ

基本的に体力がなく、やせているタイプです。消化吸収力が弱いので、体調を見ながら食材を選ぶようにしましょう。陽性の食べ物だけでなく、ある程度、陰性の要素も必要なのですが、食べ物による反応が大きく出てしまうため、自分の体調とよく相談しながら、食事を決めていく必要があります。食事をするときは、よく噛んで、腹八分目を心がけるように。それだけでも、体調がだいぶよくなってくるのを実感できるはずです。

### おかず
**極力少なめに。一時的には、なしでもOK。**

体のバランスが正常に戻るまで、おかずは、なるべくとらないほうがいいでしょう。体調を見ながら、少しずつメニューに加えるようにしてみてください。その際も、量はなるべく少なめに。根菜類がおすすめです。

### 主食
**おかゆやクリーム状にした玄米を中心に。**

消化吸収力が弱っているので、玄米をおかゆやクリーム状にして食べるようにしてください。圧力鍋は使わず、時間をかけてゆっくり作るのが原則。体調がよくなってきたら、圧力鍋を使っても構いません。

玄米がゆ

### 飲み物
**冷たいもの、甘いものはなるべく控えるように。**

陰性タイプの人は、水分を控えるように気をつけてください。夏場に冷たい清涼飲料水やアルコールなどを飲むのは、もってのほか。のどが渇いたときは、白湯や番茶などをとるようにしましょう。

### 調理法
**時間をかけて作ったやわらかく、温かいもの。**

時間をかけて作るのが原則です。やわらかく、温かいものをとるようにしましょう。野菜は細かく切り、塩気とよくなじませて調理するのがコツ。大きく切った野菜は、陰性になるので、気をつけてください。

### 調味料
**他の食材とよくなじませ、塩気をやや多めに。**

このタイプの人は、塩気は必要です。ただし、調理に時間をかけ、他の食材とよくなじませるようにしてください。玄米がゆにふりかけるごま塩は、ごま7：塩3の割合で。しっかりと混ぜ合わせて食べましょう。

# 陽性の固太りタイプ

あなたは、肉や魚、甘いものやお酒が大好きな、大食いタイプです。血が濃くなってしまい、体がパチンパチンに固くなってしまっているようです。これは、陽性が強い肉や魚だけでなく、お酒や甘いものなど陰性なものもとり過ぎているのが原因。全体に、あっさり、さっぱりしたものをとるように心がけて。初めは「物足りない」と感じても、慣れてくるはず。食べる量も控えるようにしましょう。

### おかず
**野菜を中心にしながら、たまに豆腐をプラスして。**

陰性の野菜をメニューに取り入れても構いません。キャベツ、白菜、ブロッコリー、もやし、里いも、きゅうり、しいたけなどの野菜を中心にしながら、たまに、豆腐などを加えてみましょう。

### 主食
**玄米を少なめに。圧力鍋は使いません。**

玄米を比較的少なめに。圧力をかけると陽性にかたむくので、圧力鍋は使わずに炊きましょう。おかゆやクリーム状の玄米でもOK。時にはうどん、または大麦、とうもろこし、大豆などをご飯に混ぜたり、パンにしても。

### 飲み物
**普通にとって大丈夫。旬の果物はたまに。**

冷たいもの、甘いもの、アルコールなどでなければ、飲み物は普通にとってOKです。また、りんごやみかんなど、日本で栽培された季節の果物をたまに取り入れるのもいいでしょう。

### 調理法
**加熱時間は短く。野菜は大きめに。**

加熱時間が長いと、陽性に傾いてしまうので、なるべく短時間で調理してください。野菜は大きめに切ります。野菜のお浸し、サラダ、漬け物、野菜スープ、あっさりした炒め物などがおすすめ。

### 調味料
**塩気も油も控えめに。良質の酢を活用。**

塩気と油を極力控えるように心がけてください。主食にふりかけるごま塩は、なくてもOK。取り入れる場合は、ごま塩は、ごま9：塩1の割合で。梅酢や昆布としいたけで取っただしや、良質の酢で、味を楽しんで。

# 陽性のカチカチタイプ

長年スポーツを続けていたり、塩辛いものを取り過ぎたりして、体が固くしまり過ぎてしまっているタイプです。一見、元気そうに見えますが、しなやかさが足りません。水分を含んだやわらかいものをとるようにして、カチカチに固まってしまった体内バランスを、少しゆるめにしていきましょう。体の調子が整ってくれば、心のバランスもとれてくるはず。怒りやすかったり、イライラしたりする感情もゆるやかになってくるでしょう。

### おかず
**あっさりとした野菜を量は少なめにして。**

ゆでたり蒸したりした野菜、あっさりとした味つけの野菜スープなどを中心に、極力食べる量は控えるように心がけてください。レタス、きゅうり、長いもなど、やわらかい食材を選んで。

### 主食
**玄米がゆ、うどんなどやわらかいものを。**

玄米をおかゆにしたりクリーム状にしたものやうどんなど、やわらかいものを主食にするようにしましょう。味つけは濃くしないように注意。薄味でもよく噛んで食べれば、味がしっかりと伝わります。

### 飲み物
**普通にとって大丈夫。旬の果物はたまに。**

固太りタイプと同様、冷たいもの、甘いもの、アルコールなどでなければ、飲み物は普通にとってOKです。りんごやみかんなど、日本で栽培された季節の果物をたまに取り入れてもいいでしょう。

### 調理法
**加熱時間は短く。温かくてやわらかいものを。**

加熱時間はあまり長くならないように注意してください。温かくやわらかいものをとるようにします。圧力鍋は使わずに、ふろふき大根、薄味のうま煮などを。たまになら、揚げ物をとってOK。

### 調味料
**塩気は控えめに。だしや酢を活用。**

なるべく塩分を控えるようにしてください。玄米がゆなどにふりかけるごま塩は、ごま8：塩2の割合で。昆布としいたけで取っただしや良質の酢を活用し、味にメリハリをつけるようにしましょう。

## そこが知りたい！マクロビオティック
〔食材＆調味料編 no.1〕

### 雑穀米にもいろいろありますが、どんなものがおすすめですか？

玄米、あわ、ひえ、きび、そば米、黒米、赤米、大麦などがあり、いずれも高血圧や動脈硬化の予防が期待できます。また、食物繊維も多いので便秘防止にも役立っています。(詳しくはP145)

### 発酵食品は使っていいのですか？どんなものがいいのでしょうか？

伝統的日本食で使用される調味料のみそ、しょうゆ、漬け物(ぬか漬け、梅干し漬け、酢漬けキャベツ、ピクルス)、甘酒の他、大豆を発酵させたテンペなどがあります。

### EPAやDHAを多く含む魚もあるのに、どうしてあまり食べない方がいいのですか？またなぜ、白身魚の方がいいのですか？

マクロビオティックの食事は精白しない穀物、豆類、野菜が中心なので、現代の食生活のように脂肪やたんぱく質の過剰により起こる動脈硬化などの心配がないため、血栓を作りにくくするEPAやDHAにこだわる必要がありません。また、脂肪は主として植物油でとるため、脂肪含有量の少ない白身魚としています。

### 肉も魚もあまり使わない方がいいということは、鶏がらだしや固形スープの素もNGなのですか？

マクロビオティックでは、昆布や干ししいたけからとるだしを基本にしています。鶏がら、かつお節などの動物性のだしは使いません。

# 玄米のおいしい炊き方&食べ方をおぼえましょう!

基本の玄米ごはん・玄米がゆ
玄米がおいしく炊けたら
玄米をおいしく食べるふりかけ・佃煮・漬け物
玄米ごはん・おかゆバリエレシピ

# 栄養たっぷりの玄米を炊いてみよう！

昔から「玄米におかずいらず」と言われるほど、栄養豊富な玄米。一粒に栄養がギュッと詰まっているから、毎日の主食にぜひとも取り入れたいですね。

## 玄米の栄養は、こんなにスゴイ！

もみから殻を取ったものが玄米。白米では取り除かれている、表皮、胚芽、ぬか層が残っているのですが、ここが栄養の宝庫！

### ビタミンB1
数ある栄養素の中で、ビタミンB1が中でも豊富。体内で糖質がエネルギーに変わるのを助けてくれます。疲労回復に効果的です。

### ビタミンE
強力な抗酸化作用があり、老化防止の作用も認められています。

### ミネラル
玄米には、カリウムやリン、カルシウムなどのミネラルもいろいろ含まれます。

### 食物繊維
食物繊維が多く、腸の働きを促し、便秘予防にぴったり。また、白米よりも固いのでよく噛んで食べることの習慣にも。

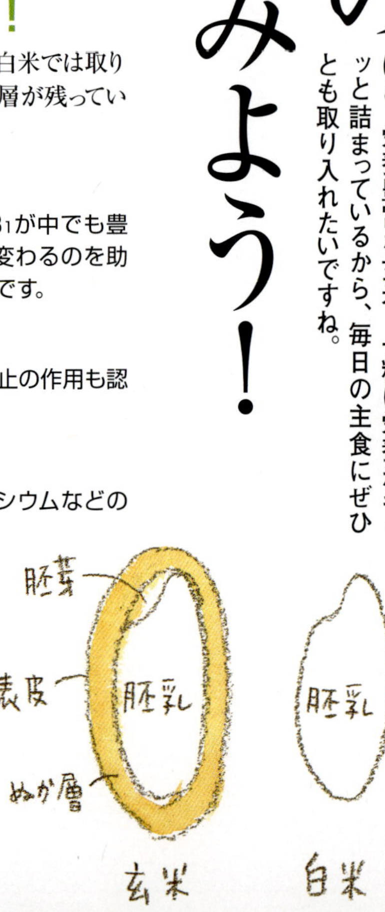

## 玄米を炊く前に

**1** 殻のついたもの、虫食いなどを手のひらにのせるなどして、捨てます。

**2** ボウルに水を入れ、やさしく混ぜるようにして洗います。

**3** 水を2～3回替えてザルに上げておきます。

## 基本の玄米ごはん

### 土鍋・ステンレスの鍋で

土鍋はふっくら、ステンレスの鍋はさらっとした仕上がりに

玄米のおいしい炊き方&食べ方をおぼえましょう！

栄養たっぷりの玄米を炊いてみよう！　基本の玄米ごはん●土鍋・ステンレスの鍋で

■材料と作り方

**1.** 玄米2合はP30同様に洗い、ザルに上げておく。

**2.** 土鍋（又はステンレス鍋）に**1**と水（玄米の1.5～1.8倍）を入れて蓋をして2～6時間浸水する。

**3. 2**は浸水したあと、塩をひとつまみ加え、ごく弱火に10分ほどかけてから中火にし、30～40分炊く。うっすらとかに穴が見えてきたら、とろ火にして木栓をし、さらに1時間炊く。

**4.** 最後に30秒ほど中火にしてから火を止め、10分ほど蒸らす。しゃもじですくって混ぜる。

**ステンレスの鍋で炊くときは**
1～2までは同様。火にかけて弱火にして沸騰させ、弱火で30分以上炊き、火からおろす。10分蒸らしてできあがり！

土鍋は深めのもの、ステンレスの鍋は厚手（多層）のものを。

マスタークック土鍋（3合炊き深鍋）／健康綜合開発株式会社

# 圧力鍋で早い！やわらかい玄米が炊き上がります！

### ■材料と作り方

**1.** 玄米2合はP30同様に洗い、ザルに上げておく。

**2.** 圧力鍋に水2 3/5カップを入れて、塩をひとつまみ加える。

**3.** 蓋をして火にかけ、圧力がかかったら弱火にし、20分ほど炊く。

**4.** 火からおろし、圧が抜けるまで放置し、ふたを開けてしゃもじで下の方からすくって混ぜる。

圧力鍋はメーカーによって加熱時間が異なります。説明書を参考に。

ミニロイヤル 3合炊き／イワタニ・フィスラー株式会社

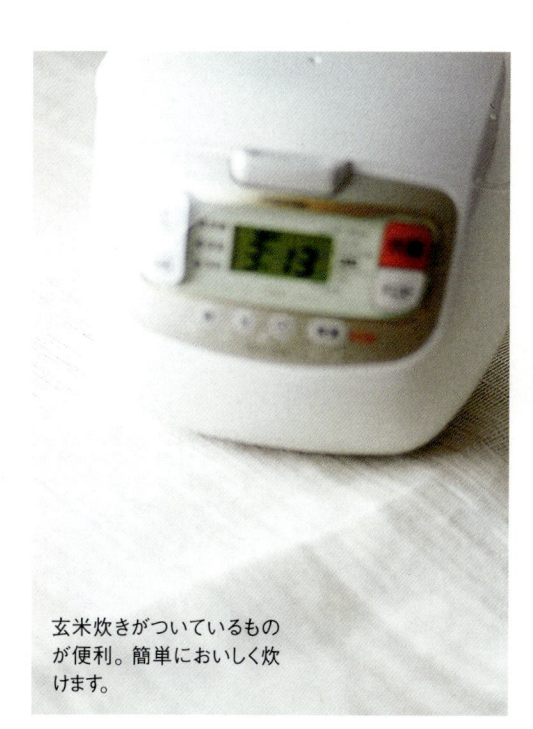

玄米のおいしい炊き方&食べ方をおぼえましょう！

栄養たっぷりの玄米を炊いてみよう！ 基本の玄米ごはん ●圧力鍋で ●炊飯器で

# 炊飯器で
## 炊飯器でもおいしく炊ける！浸水時間を守って！

玄米炊きがついているものが便利。簡単においしく炊けます。

### 玄米炊きのある場合

■材料と作り方

**1.** 玄米2合はP30同様に洗い、ザルに上げておく。

**2.** 炊飯器の内釜に**1**を入れ、目盛りに合わせて水を加える。

**3.** スイッチを入れて炊き、炊き上がったらしゃもじで下のほうからすくって混ぜる。

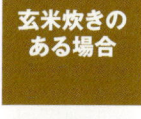

### 玄米炊きのない場合

■材料と作り方

**1.** 玄米2合はP30同様に洗い、ザルに上げておく。

**2.** 炊飯器に**1**、水（玄米の1.5〜1.8倍）を加えてひと晩（7〜9時間）置く。

**3.** 浸水したあと、塩ひとつまみを加えスイッチを入れて炊き、炊き上がったらしゃもじでさっくりと混ぜる。

**4.** 足し水（大さじ1程度）を加えてもう一度スイッチを入れ、二度炊きする。

## 基本の玄米がゆ

玄米がゆなら消化がいい！
ポイントは大きめの鍋と
火加減と時間を守ること！

### 玄米がゆ

■材料
玄米──1/4合
水──1 3/4カップ（350㎖）
塩──小さじ1/4

■作り方

**1.** 玄米はP30同様に洗い、ザルに上げておく。

**2.** 鍋に**1**、水を入れる。

**3.** 塩を加える。

**4.** 蓋をして中火にかけ、蓋のすきまから蒸気が上がってきたら一瞬火を止め、弱火にして2時間ほど炊く。

**5.** 炊き上がったら蓋を取り、しゃもじで鍋底から大きく混ぜる。

生の玄米から炊くなら、ステンレス鍋や圧力鍋、ごはんからなら土鍋がおすすめ。

# 玄米がおいしく炊けたら

玄米ごはんをよりおいしく仕上げるコツは、炊き上がったあとのひと手間にかかっています。ぜひ、おぼえておいて！

## 炊き上がった玄米は？

基本は白米と同じ。炊き上がったら、しっかり蒸らすこと。しゃもじを下の方からぐるりと入れて、玄米ごはんの上下を入れ替えるようにやさしく混ぜることがポイントです。

あとは、できればおひつに入れておくのがおすすめ。余分な水分を吸ってくれるので、時間が経ってもおいしさをキープできます。

## 保存するなら？

玄米は白米に比べて風味が落ちるのが早いので、すぐに食べない場合は冷凍保存がおすすめ。あつあつのうちにラップに包んで冷めてから冷凍庫へ。さらに密封できる容器に入れて。

ラップに包んで…。

ポリ袋に入れれば完璧。

そのままポリ袋でもOK。

### 玄米がゆの保存

水分の多いおかゆの保存は、できるだけ早い凍結が基本。冷ましてから冷凍用のポリ袋に入れて空気をしっかり抜き、なるべく薄くして冷凍保存しましょう。解凍は電子レンジがおすすめ。

---

玄米のおいしい炊き方&食べ方をおぼえましょう！

栄養たっぷりの玄米を炊いてみよう！ ● 基本の玄米がゆ ● 玄米がゆ／玄米がおいしく炊けたら

# 玄米をおいしく食べる ふりかけ・佃煮・漬け物

玄米ごはんには、少し塩分を感じるものがよく合います。ちょっと気になる塩分も玄米ならカリウムを多く含むから心配なし！

マクロビオティックの中でごまは陰陽のバランスもよく、一番よい種子とされています。

### ごま塩の保存
ごま塩は、ある程度大量に作っておいた方が便利。密封性の高い保存瓶などに入れて、冷暗所又は冷蔵庫に入れて保存を。1カ月ほど持ちます。

## ごま塩をつくる

**材料**
黒ごま——80ｇ
塩——20ｇ

**作り方**

1. 塩はフライパンできつね色になるまで炒る。

2. 1の塩をすり鉢に入れ、すりこ木で力を入れてしっとりとするまでする。（粉糖のような手触り）

3. 黒ごまもフライパンで炒り、2のすり鉢に入れ、すりこ木で力を入れずに静かに15分ほどする。（皮が少しとれるぐらいが目安）

# ふりかけをつくる

玄米だけでは足りないビタミン、ミネラルを補うためにもふりかけは重要です。

## 青のりのふりかけ

**材料**
白ごま——大さじ5
青のり——大さじ3
塩——小さじ1
（ごま塩の作り方1〜2でさらさらになったもの）

**作り方**
**1.** 白ごまはフライパンでから炒りし、粗熱をとって青のり、塩を混ぜ合わせる。

## カリカリ梅のふりかけ

**材料**
カリカリ梅——6個
青じそ——3枚
白ごま——大さじ3

**作り方**
**1.** カリカリ梅は種を取り除いて粗めのみじん切りにし、青じそはよく洗ってから水気を拭き取り、みじん切りにする。
**2.** 1に白ごまを加えて混ぜ合わせる。

## かぶの葉ふりかけ

**材料**
かぶの葉——2株分
ごま油——小さじ2
白ごま——大さじ1
しょうゆ——大さじ1

**作り方**
**1.** かぶの葉は小口切りにする。
**2.** フライパンにごま油を熱し、1を炒め、しんなりしたら白ごま、しょうゆを加える。

# 佃煮をつくる

## のりの佃煮

材料
焼きのり——4枚
a ┌ 水——1/2カップ（100mℓ）
　├ しょうゆ——大さじ1
　└ みりん——大さじ1/2
白ごま——適量

作り方
1. 焼きのりは適当な大きさにちぎる。
2. 鍋にaを入れて煮立たせ、1を加えて水分が少なくなるまで煮る。
3. 2の粗熱をとり、白ごまを散らす。

## 昆布の佃煮

材料
昆布——30cm
昆布の戻し汁——1カップ（200mℓ）
a ┌ しょうゆ——大さじ2
　├ 酒——小さじ1
　└ 甜菜糖——小さじ1

作り方
1. 昆布は濡れ布巾で表面を拭いてから水に浸して戻す。
2. 1を1cm角に切る。
3. 鍋に1の戻し汁、aを入れて温め、2を加えて水分が少なくなるまで煮る。

### ほかにもこんな佃煮がおすすめ！

**しめじの佃煮**
しめじの旨みをたっぷり味わえる一品。昆布の佃煮の調味料の配分で、しめじを同様に煮るだけです。

**しいたけと昆布の佃煮**
だしになるしいたけと昆布を合わせるから、旨みたっぷり。昆布の佃煮の調味料の配分で1cm角に切った戻した昆布、しいたけを入れて煮ます。

**きくらげの佃煮**（材料&作り方はP90）

玄米のおいしい炊き方＆食べ方をおぼえましょう！

玄米をおいしく食べるふりかけ・佃煮・漬け物 ●佃煮をつくる ●漬け物をつくる

# 漬け物をつくる

## れんこんのゆかり漬け

材料
れんこん——1節
酢——少々
a ┌ ゆかり——大さじ1/2
　├ だし汁——大さじ3
　├ 酢——大さじ3
　└ 米飴——大さじ1/2

作り方
1. れんこんはいちょう切りにし、酢を加えた熱湯でさっとゆで、ザルにあげて水気をきる。
2. 鍋にaを入れて火にかけ、ひと煮立ちさせる。
3. 1に2を加えて漬ける。

## みょうがの甘酢漬け

材料
みょうが——8本
a ┌ 酢——1/2カップ
　├ 甜菜糖——大さじ4
　└ 塩——小さじ1/3

作り方
1. みょうがは熱湯でさっとゆで、ザルにあげて水気をきる。
2. 鍋にaを入れてひと煮立ちさせる。
3. 1に2を加えて漬ける。

### ほかにもこんな漬け物がおすすめ！

**たくあん（無添加のもの）**
**大根の梅酢漬け**
梅酢の酸味が食欲をそそる！れんこんやごぼうでもおいしい。
**塩もみ大根**（材料＆作り方はP57）
**セロリとゆかりの浅漬け**（材料＆作り方はP60）
**れんこんの甘酢漬け**（材料＆作り方はP62）
**かぶの即席漬け**（材料＆作り方はP68）
**白菜のゆず風味漬け**（材料＆作り方はP74）
**ラーパーツァイ風白菜漬け**（材料＆作り方はP109）

## 玄米ごはん・おかゆバリエレシピ

きのこと豆乳の旨みがおいしいリゾット
### きのこの豆乳リゾット

材料（2人分）
- 玄米――2/3合（120g）
- 玉ねぎ――1/6個
- エリンギ――1/4パック
- しめじ――1/4パック
- しいたけ――1枚
- コーン油――小さじ2
- a ┌ 昆布だし――1カップ（200㎖）
     └ 豆乳――2 1/2カップ（500㎖）
- 塩――少々
- パセリのみじん切り――適量

作り方

**1.** 玄米はP30同様に洗い、ザルに上げ、たっぷりの水にひと晩（7～9時間）浸しておく。

**2.** 玉ねぎはみじん切りにする。

**3.** きのこは石づきを切り落とす。エリンギ、しめじは食べやすいようにほぐし、しいたけは4等分に切る。

**4.** フライパンにコーン油を熱し、**2**をしんなりするまで炒め、**3**を加えてさっと炒めたら、水気をきった**1**を加えて表面が透き通るまで炒める。

**5. 4**に**a**を5回位に分けて少しずつ加え、煮汁が少なくなるまで弱火で煮、塩を加えて味をととのえる。

**6.** 器に**5**を盛り、パセリのみじん切りを散らす。

＊あれば、ソーイチーズを加えるとさらにおいしく召し上がれます。

玄米のおにぎりにはみそ味がぴったり！
# 香味みそおにぎり

材料(2人分)
長ねぎ——10g
みょうが——1/2個
しょうが——1/2片
青じそ——1枚
a ┌ みそ——大さじ1
  │ 昆布だし——小さじ1
  └ しょうゆ——小さじ1
玄米ごはん——茶碗2杯分
焼きのり——適量

作り方
1. 長ねぎ、みょうが、しょうが、青じそはみじん切りにする。
2. 1にaを加えて混ぜ合わせる。
3. 玄米ごはんを適量手にとり、2を中に入れておにぎりにする。
4. 3に適当な大きさに切った焼きのりを巻く。

## おにぎりの具いろいろ
玄米に合うおにぎりの具は、昆布やしいたけの佃煮や梅干し、ねぎみそなどがよく合います。まわりはのりをはじめ、ごま塩、青のり塩、ゆかり塩などをまぶしてもおいしい。

玄米のおいしい炊き方&食べ方をおぼえましょう！

玄米ごはん・おかゆバリエレシピ／きのこの豆乳リゾット、香味みそおにぎり

玄米ごはんに混ぜるだけだから、簡単！
## ひじきのしょうが煮の混ぜごはん

材料(2人分)
ひじき(乾燥)――大さじ2
しょうが――2片
a ┌ 昆布だし――1/2カップ(100ml)
  │ しょうゆ――大さじ1/2
  │ 酒――小さじ1
  └ ごま油――小さじ1
玄米ごはん――茶碗2杯分
三つ葉――適量

作り方
**1.** ひじきはさっと洗ってから水に浸して戻し、ザルにあげて水気をきる。

**2.** しょうがはみじん切りにする。

**3.** 鍋に**1**と**2**、**a**を入れて火にかけ、煮汁が少なくなるまで煮る。

**4.** 玄米ごはんに**3**を加えて混ぜ合わせ、ざく切りにした三つ葉を散らす。

玄米と相性のよい豆乳とみその組み合わせ
## 豆乳みそおじや

材料(2人分)
しめじ――1/4パック
しいたけ――2枚
こんにゃく――50g
昆布だし――1カップ(200ml)
豆乳――1カップ(200ml)
玄米ごはん――茶碗2杯分
みそ――大さじ2
万能ねぎ――適量

作り方
**1.** きのこは石づきを切り落とし、しめじはほぐし、しいたけは薄切りにする。

**2.** こんにゃくはひと口大にちぎり、熱湯でさっとゆでてからザルにあげて水気をきる。

**3.** 昆布だし、豆乳を合わせて温め、みそを溶かし、**1**と**2**を加えて煮る。

**4.** **3**に玄米ごはんを加えて煮る。

**5.** 器に**4**を盛り、小口切りにした万能ねぎを散らす。

### 味つけ油揚げに玄米ごはんを包むだけ
# 簡単いなりすし

材料(2人分)
油揚げ——2枚
昆布だし——1/2カップ(100ml)
a ┌ しょうゆ——大さじ1/2
  │ みりん——大さじ1/2
  └ 甜菜糖——小さじ1/2
b ┌ 酢——大さじ1
  │ 甜菜糖——小さじ1/3
  └ 塩——少々
玄米ごはん——茶碗2杯分

作り方
1. 油揚げは半分に切り、熱湯をかけて余分な油を落とす。
2. 鍋に昆布だしと**a**を加えて温め、1を加えて煮汁が少なくなるまで煮る。
3. 玄米ごはんに合わせた**b**を加えて混ぜ合わせる。
4. 3を適量手にとり、2で包む。

### 夏場など食欲がないときにぴったり
# 玄米の冷汁風

材料(2人分)
昆布だし——2カップ(400ml)
みそ——大さじ2
きゅうり——1/4本
青じそ——2枚
みょうが——1個
生わかめ——10g
玄米ごはん——茶碗2杯分
白ごま——小さじ1

作り方
1. 昆布だしを温めてみそを溶かし、粗熱をとってから冷蔵庫で冷やす。
2. きゅうりは小口切り、青じそ、みょうがは細切りにする。
3. わかめは熱湯に通してザルにあげて水気をきり、ざく切りにする。
4. 茶碗に玄米ごはんを盛り、2と3、白ごまをのせ、1を注ぐ。

小豆と玄米を一緒に火にかけるから、簡単！
# 小豆玄米がゆ

材料(2人分)
玄米——1/4合
小豆——大さじ1
水——1 3/4カップ（350㎖）
塩——小さじ1/4
ごま塩——適量

作り方

**1.** 玄米はP30同様に洗い、小豆も洗ってそれぞれザルに上げる。

**2.** 鍋に**1**、水、塩を加えて蓋をし、中火にかける。

**3.** 蓋のすきまから蒸気が上がってきたら一瞬火を止め、弱火にして2時間ほど炊く。

**4.** 炊き上がったら蓋を取り、しゃもじで鍋底から大きく混ぜ、器に盛り、ごま塩をふる。

自然な甘みがおいしいおかゆ
# かぼちゃ玄米がゆ

材料(2人分)
玄米——1/4合
かぼちゃ——80g
水——1 3/4カップ（350㎖）
塩——小さじ1/4

作り方

**1.** 玄米はP30同様に洗い、ザルに上げておく。

**2.** かぼちゃは食べやすい大きさに切り、熱湯でゆでる。

**3.** 鍋に**1**、水、塩を加えて蓋をし、中火にかける。

**4.** 蓋のすきまから蒸気が上がってきたら一瞬火を止め、弱火にして2時間ほど炊く。

**5.** 炊き上がったら蓋を取り、**2**を加え、しゃもじで鍋底から大きく混ぜる。

玄米のおいしい炊き方&食べ方をおぼえましょう！

玄米ごはん・おかゆバリエレシピ／小豆玄米がゆ、かぼちゃ玄米がゆ、木の実がゆ、かぶのあんかけがゆ

## 松の実は一度フライパンで炒っておいて
### 木の実がゆ

材料(2人分)
玄米──1/4合
水──1 3/4カップ(350㎖)
黒すりごま──大さじ1
松の実──大さじ1
塩──小さじ1/4

作り方
1. 玄米はP30同様に洗い、ザルに上げておく。
2. 鍋に1、水、黒すりごま、炒った松の実、塩を加えて蓋をし、中火にかける。
3. 蓋のすきまから蒸気が上がってきたら一瞬火を止め、弱火にして2時間ほど炊く。
4. 炊き上がったら蓋を取り、しゃもじで鍋底から大きく混ぜる。

## 甘めのあんかけがとろりとしておいしい
### かぶのあんかけがゆ

材料(2人分)
玄米──1/4合
水──1 3/4カップ(350㎖)
塩──小さじ1/4
かぶ(葉つき)──1個
昆布だし──2 1/2カップ(500㎖)
a ┌ しょうゆ──小さじ2
　├ みりん──大さじ1/2
　└ 塩──小さじ1/4
くず粉──適量

作り方
1. 玄米がゆはP34同様につくる。
2. かぶはよく洗ってくし形に切る。葉の部分は小口切りにする。
3. 昆布だしを温め、2を加えてやわらかくなるまで煮、aを加えて味をととのえる。
4. くず粉に同量の水を加えて溶き、3にまわし入れてとろみをつける。
5. 1は炊き上がったら蓋を取り、しゃもじで鍋底から大きく混ぜて器に盛り、4をかけていただく。

## そこが知りたい！マクロビオティック
〔食材＆調味料編 no.2〕

**香辛料はなぜNGなのですか？
また、しょうがやわさびはいいようですが、
他にもOKな香辛料ってありますか？
香味野菜やハーブ類はいいのですか？**

常用するのでなく時々であるなら、野生種、有機栽培のハーブや香辛料は使用可能です。

**有機野菜や天然の調味料って値段が高めなので、
気がひけるのですが、
普通の野菜や調味料を使ってはいけないのでしょうか。**

マクロビオティックでは、できるだけ避けるものとして農薬、殺菌剤、除草剤、化学肥料、その他有害で不自然な物質を使用した農業をあげています。少しずつ、やめていく方向で努力してください。

**なぜはちみつはNGで、米飴やメープルシロップはOKなのですか？
はちみつは体にいいと思うのですが。**

米飴やメープルシロップなどは多糖類であるため、体内でゆっくりと吸収されます。甘さもほどよく、持続的にエネルギーとして使われますが、はちみつや砂糖は少糖類であるため、体内ですぐに分解され、急激に血糖値を上げインスリンを刺激します。その反動で血糖値が下がりすぎ、糖分が欲しくなり悪循環になります。

**南国フルーツはNGで、
ゆず、みかん、りんご等はいいようですが、
水分の多いすいかや梨、ぶどうなど、
夏秋のフルーツはいいのですか？**

熱帯産の果物や果汁は避けて欲しいものです。旬にとれたその土地の産物で、農薬で汚染されていない果実をおすすめします。

# 毎日続けられる!
# 玄米菜食メニュー
# 朝・昼・夜 1 WeeK！

〔マクロビオティック調理の基本／野菜の扱い方・だしの取り方〕

# マクロビオティック調理の基本

マクロビオティックを実践するときに、大切になってくるのが「野菜の扱い方」と「だしの取り方」。これらの調理の基本を押さえて、いざ、挑戦してみましょう。

## 野菜の扱い方

皮つきのまま丸ごと食べることが基本なので、泥や汚れの落とし方、切り方のポイントも押さえておきましょう。

### 洗う

マクロビオティックでは、にんじん、ごぼう、れんこんなどの薄い皮で覆われているものは、皮をむかずに使います。やさしくそっと土や汚れを落とすことがポイントです。

#### やさしく土や汚れを落とす

ボウルに水をはり、野菜を入れて布巾やスポンジなどでやさしく洗い、土を落とします。溝などは入念に洗いましょう。土が落ちたら新しい水できれいに流します。

### 切る

マクロビオティックの切り方の基本は「野菜をつぶさずに切る」こと。つまり、上から押すような切り方ではなく、野菜に刃を当てて下方向にスライドさせることがポイントです。

#### いたんだ部分を取る

野菜はよく洗ったあと、いたんだ部分があれば包丁の刃先で除く。

#### 下方向にスライドさせるように切る

皮つきのまま端の方から切っていきます。

### すりおろす

普通は、皮をきれいにむいてからすりおろしますが、マクロビオティックでは皮つきのまますりおろします。大根、れんこん、にんじんなどは土や汚れを丁寧に落とすことがポイントです。

#### 皮つきのまますりおろす

れんこんやにんじんなどは、皮つきのまますりおろします。滑らないからおろしやすいし、簡単。

# だしの取り方

だしは動物性の材料からは取りません。基本は昆布と干ししいたけ。
水だし法、煮だし法は両方覚えておくと便利！

## 煮だし法

### ● 昆布と干ししいたけの混合だし

鍋に水2カップと10cmぐらいの昆布1枚と干ししいたけ2枚を入れて火にかける。

煮立つ寸前に昆布を引き上げる。

さらに10分ぐらい煮てしいたけを引き上げる。

すぐに使いたいときは、煮だし法に限ります。ただし、昆布は沸騰したらすぐに引き上げることを忘れずに。臭みと粘りが出てくるので注意して！

## 水だし法

### ● 昆布だし

水2カップに対して10cmぐらいの昆布1枚を入れて、やわらかくなるまでおく。汁物、煮物やスープに。

### ● 混合だし（昆布と干ししいたけ）

水2カップに10cmぐらいの昆布1枚と干ししいたけ2枚を入れ、やわらかくなるまでおく。すまし汁などに。

水に材料をそのまま浸して、だしをとる方法。寝る前に保存瓶に昆布や干ししいたけ、水を入れて冷蔵庫に保存するだけで、翌朝には使えます！

## 材料

マクロビオティックでは、だしというと、「昆布」と「干ししいたけ」が主な材料になります。基本的には動物性のだしは使いません。

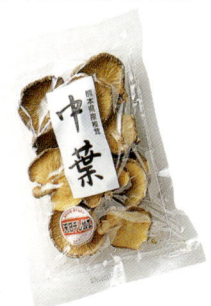

昆布、干ししいたけは天然で天日乾燥させたものを。

### かつお節もたまになら

マクロビオティックのだしの基本は、昆布と干ししいたけですが、たまにならかつお節を使っただしを利用してもOK。白身魚を週2回程度取り入れるのと同様の頻度が目安となるでしょう。外食もたまになら、気にせず楽しんで。

# 日曜日の朝の献立

*morning*

| | |
|---|---|
| 主食 | ごま塩おにぎり |
| 汁物 | 豆腐とわかめの麦みそ汁 |
| 副菜1 | きんぴらごぼう |
| 副菜2 | 焼きのり |
| 副菜3 | たくあん |

### ●ごま塩おにぎり

材料(2人分)
玄米ごはん──茶碗2杯分
ごま塩(作り方P36)──大さじ1/2

作り方
1. 玄米ごはんにごま塩を加えて混ぜ合わせる。
2. 1を手に適量とり、三角のおにぎりを4個作る。

### ●豆腐とわかめの麦みそ汁

材料(2人分)
木綿豆腐──1/4丁(80g)
わかめ(乾燥)──3g
昆布だし──1 1/2カップ(300㎖)
麦みそ──大さじ1 1/3

作り方
1. 木綿豆腐は水きりをし、角切りにする。
2. わかめはよく洗って水に浸して戻し、ザルにあげて水気をきる。
3. 鍋に昆布だしを入れて煮立て1と2を加え、麦みそを溶き入れる。

### ●きんぴらごぼう

材料・作り方はP98参照

### ●焼きのり

### ●たくあん

無添加のものを選ぶ

> **Point** マクロビオティックの献立のポイント
>
> 忙しい朝は、なるべく簡単に済ませたいという人も多いはず。焼きのりやたくあんは常備しておくと便利。おにぎりにすれば、忙しい朝でも食べやすいのでおすすめです。

総エネルギー **435**kcal  A  B1  B12

毎日続けられる！玄米菜食メニュー 朝・昼・夜 1week

## 日曜日／朝

きんぴらごぼう

豆腐とわかめの麦みそ汁

ごま塩おにぎり

焼きのり

ごま塩おにぎり、豆腐とわかめの麦みそ汁、きんぴらごぼう、焼きのり、たくあん

# 日曜日の昼の献立
Lunch

主食&主菜　天ぷらそば
副菜1　海藻サラダ 梅豆腐ドレッシング
副菜2　いんげんのごまあえ

## ●天ぷらそば

材料(2人分)
玉ねぎ——1/2個
にんじん——1/4本
三つ葉——1/4束
桜えび——大さじ2
a ┌ 全粒粉——大さじ6
　 └ 水——1/2カップ(100mℓ)
コーン油——適量
b ┌ 昆布だし——3カップ(600mℓ)
　 │ しょうゆ——大さじ3
　 └ 塩——小さじ1/4
全粒粉そば(乾燥)——2束

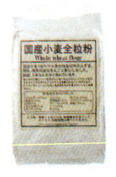

精白された小麦粉と違い、全粒粉は味が濃くて栄養満点。(詳しくはP146)

全粒粉そばは陽性の強い食べ物。シコシコとコシのある麺。(詳しくはP146)

作り方
1. 玉ねぎは薄切り、にんじんは細切り、三つ葉はざく切りにして合わせる。
2. ボウルにaと1、桜えびを入れて混ぜ合わせる。適量をおたまですくい、170℃に熱したコーン油でカラッと揚げる。
3. 鍋にbを入れて火にかけ、ひと煮立ちさせる。
4. 鍋に湯を沸かし、全粒粉そばを入れてゆで、よく水洗いし、ザルにあげて水気をきる。
5. 器に4と2を順に盛り、3を注ぐ。

## ●海藻サラダ 梅豆腐ドレッシング

材料(2人分)
海藻ミックス(塩蔵)——40g
レタス——4枚
みょうが——1個
長ねぎ——1/4本
a ┌ ごま油——小さじ2
　 │ しょうゆ——大さじ1
　 │ 木綿豆腐——1/4丁
　 │ 梅干し——2個
　 └ 玄米酢——大さじ1

酢も精白されていない玄米を原料とした醸造酢がおすすめ。(詳しくはP155)

さっぱりとした梅の風味と、まろやかな豆腐の口当たりがおいしい梅豆腐ドレッシング。

作り方
1. 海藻ミックスはよく洗って水に浸して塩抜きし、ザルにあげて水気をきる。
2. レタス、みょうが、長ねぎはせん切りにし、冷水にさらしてシャキッとさせ、ザルにあげて水気をきる。
3. aはすり鉢に入れてすりこ木ですりながら混ぜ合わせる。
4. 器に2と1の順に盛り、3をかける。

## ●いんげんのごまあえ

材料(2人分)
さやいんげん——10本(80g)
白すりごま——小さじ2
a ┌ しょうゆ——小さじ2
　 │ 昆布だし——大さじ2/3
　 └ 甜菜糖——小さじ1

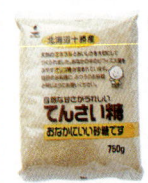

未精製の甜菜糖はビタミン、ミネラル、オリゴ糖などが豊富。(詳しくはP155)

作り方
1. さやいんげんは筋を取り除き、塩ゆでする。
2. 1を3cm長さの斜め切りにする。
3. 2に白すりごま、aを加えてあえる。

総エネルギー 802kcal　Ca　Fe　A　E　B1　B6　食物繊維

毎日続けられる！玄米菜食メニュー 朝・昼・夜 1week 1

**日曜日／昼**

天ぷらそば、海藻サラダ 梅豆腐ドレッシング、いんげんのごまあえ

● 天ぷらそば

● 海藻サラダ 梅豆腐ドレッシング

● いんげんのごまあえ

# 日曜日の夜献立 *dinner*

| | |
|---|---|
| 主食 | 玄米ごはん |
| 汁物 | グリーンピーススープ |
| 主菜 | れんこんフライ |
| 副菜 | テンペのマリネ風サラダ |

## ●玄米ごはん

## ●グリーンピーススープ

材料(2人分)
玉ねぎ——1/8個
セロリ——1/4本
コーン油——大さじ1/2
グリーンピース(さやから出したもの)
——80g
昆布だし——1/2カップ(100mℓ)
豆乳——1 1/2カップ(300mℓ)
塩——小さじ1/4

作り方
1. 玉ねぎ、セロリはみじん切りにする。
2. フライパンにコーン油を熱し、1とグリーンピースを炒め、しんなりしたら昆布だしを加えて蓋をして蒸し煮にする。
3. 2と豆乳をミキサーにかけて滑らかにし、再び鍋に戻して温め、塩を加えて味をととのえる。
4. 器に3を注ぎ、豆乳を飾りに散らす。

## ●れんこんフライ

材料(2人分)
れんこん——1節
塩——少々
a [ 全粒粉——大さじ3
    豆乳——大さじ3 ]
全粒粉天然酵母パン粉——適量
コーン油——適量
国産レモン——1/4個
レタス——2枚
ラディッシュ——2個

作り方
1. れんこんは1.5cm厚さに切り、塩をふる。
2. 1に合わせたa、全粒粉天然酵母パン粉の順に衣をまぶす。
3. 2を170℃に熱したコーン油でカラッと揚げる。
4. 器に3を盛り、くし形に切ったレモン、レタス、ラディッシュを添える。

無添加の天然酵母のパン粉は身体にいい、そして本当においしい!(詳しくはP146)

## ●テンペのマリネ風サラダ

材料(2人分)
テンペ——100g
玉ねぎ——1/4個
さやいんげん——1本
にんじん——1/6本
長ねぎ——1/4本
にんにく——1片
オリーブ油——大さじ1/2
a [ 酢——大さじ2
    みりん——大さじ1
    しょうゆ——大さじ2/3
    塩——小さじ1/3 ]

作り方
1. テンペは1.5cm角に切る。
2. 玉ねぎは1.5cm角に切り、さやいんげんは斜め細切りにする。
3. にんじんは皮ごとすりおろし、長ねぎは小口切りにし、aの調味料と合わせておく。
4. にんにくはみじん切りにする。
5. フライパンにオリーブ油を熱し、4を香りが出るまで炒め、2と1を加えて炒め合わせる。
6. 5を熱いうちに3に入れて全体になじませ、粗熱をとって冷蔵庫で冷やす。

テンペは重要なたんぱく源。油との相性は◎。食べ応え満点!(詳しくはP153)

総エネルギー **582**kcal  Fe  A  E  B1  B6  C  食物繊維

毎日続けられる！玄米菜食メニュー　朝・昼・夜　1week 1

**日曜日／夜**

玄米ごはん、グリーンピーススープ、れんこんフライ、テンペのマリネ風サラダ

● 玄米ごはん

● れんこんフライ

● テンペのマリネ風サラダ

● グリーンピーススープ

# 月曜日の朝の献立 morning

| | |
|---|---|
| 主食 | 玄米おかゆ |
| 汁物 | 玉ねぎと油揚げのみそ汁 |
| 副菜1 | 塩もみ大根 |
| 副菜2 | 昆布の佃煮 |
| 副菜3 | ごま塩 |

## ●玄米おかゆ

材料(2人分)
玄米——1/4合
水——1 3/4カップ(350㎖)
塩——小さじ1/4

作り方
1. 玄米は洗ってザルにあげる。
2. 鍋に1、分量の水、塩を加えて蓋をし、中火にかける。
3. 蓋のすきまから蒸気が上がってきたら一瞬火を止める。
4. 3を弱火にし、2時間ほど炊く。

## ●玉ねぎと油揚げのみそ汁

材料(2人分)
玉ねぎ——1/4個(50g)
油揚げ——1/2枚
昆布だし——1 1/2カップ(300㎖)
みそ——大さじ1 1/3
万能ねぎ——適量

作り方
1. 玉ねぎは薄切りにし、油揚げは1.5cm幅に切る。
2. 昆布だしを温めて1を加えて煮、玉ねぎがしんなりしたらみそを溶き入れる。
3. 器に2を盛り、小口切りにした万能ねぎを散らす。

## ●塩もみ大根

材料(2人分)
大根——60g
大根の葉——少々
塩——少々

作り方
1. 大根はいちょう切りにし、葉は細かく刻む。
2. 1に塩をふってもみ込み、水分が出てきたら水気を絞る。

## ●昆布の佃煮

材料と作り方は　P38を参照

## ●ごま塩

材料と作り方は　P36を参照

### Point マクロビオティックの献立のポイント

玄米は消化が悪いのが気になる…という人には、玄米がゆがおすすめ。朝食など起き抜けの胃にもやさしく、すんなりと食べられます。旬の野菜のお浸しや漬け物、昆布やわかめなどの海藻類、そしてみそ汁も忘れずに。

総エネルギー **145kcal**

- 昆布の佃煮
- 塩もみ大根
- 玄米おかゆ
- ごま塩

毎日続けられる！玄米菜食メニュー 朝・昼・夜 1week-1

**月曜日／朝**

玄米おかゆ、玉ねぎと油揚げのみそ汁、塩もみ大根、昆布の佃煮、ごま塩

# 月曜日の昼の献立

Lunch

主食&主菜　きんぴらの玄米バーガー
副菜1　　　コールスロー
副菜2　　　りんごのレモンマリネ

## ●きんぴらの玄米バーガー

材料(2人分)
ごぼう──60g
にんじん──30g
ごま油──小さじ1
しょうゆ──小さじ2
みりん──小さじ2
白ごま──小さじ1
玄米ごはん──茶碗2杯分
ごま油──小さじ1

作り方
1. ごぼう、にんじんは細切りにする。
2. フライパンにごま油を熱し、1を炒め、しょうゆ、みりんを加えて味つけし、白ごまをふる。
3. 玄米ごはんは4等分に分け、1.5cm厚さの円形に形を整える。
4. フライパンにごま油を熱し、3をほんのり焼き色がつくまで、両面を焼く。
5. 4で2をはさむ。

## ●コールスロー

材料(2人分)
キャベツ──4枚
にんじん──10g
塩──小さじ1/4
a ┌ コーン油──小さじ2
　├ りんご果汁──大さじ1
　├ 酢──大さじ2
　└ 塩──ひとつまみ

作り方
1. キャベツ、にんじんは細切りにする。
2. 1に塩をふってもみ込み、水分が出てきたら水気を絞る。
3. 2にaを加えて漬ける。

## ●りんごのレモンマリネ

材料(2人分)
りんご──1/2個
a ┌ 甜菜糖──大さじ1
　└ 水──小さじ2
国産レモンの絞り汁──大さじ1

作り方
1. りんごは芯を取り除いていちょう切りにする。
2. 鍋にaを入れて温めて砂糖を溶かしてから、粗熱をとる。
3. 1に2を加えて混ぜ合わせ、ラップをかけ、冷蔵庫に入れて漬ける。

総エネルギー 474kcal　A　B1　B6　C　食物繊維

毎日続けられる！玄米菜食メニュー　朝・昼・夜　1week 1

**月曜日／昼**
きんぴらの玄米バーガー、コールスロー、りんごのレモンマリネ

- りんごのレモンマリネ
- コールスロー
- きんぴらの玄米バーガー

# 月曜日の夜の献立 dinner

| | |
|---|---|
| 主食 | 玄米ごはん |
| 汁物 | ミネストローネ風スープ |
| 主菜 | 豆腐ハンバーグ |
| 副菜1 | セロリとゆかりの浅漬け |
| 副菜2 | かぼちゃの洋風茶巾 |

## ●玄米ごはん

## ●ミネストローネ風スープ

材料(2人分)
にんじん——1/6本
玉ねぎ——1/4個
セロリ——1/3本
オリーブ油——小さじ2
昆布だし——2カップ(400㎖)
塩——小さじ1/4
ラディッシュ(薄切り)——適量

作り方
1. にんじん、玉ねぎ、セロリは1cmの角切りにする。
2. フライパンにオリーブ油を熱し、1を入れてよく炒める。
3. 鍋に昆布だしを入れて煮立て、2を加えて野菜がやわらかくなるまで煮る。
4. 3に塩を加えて味をととのえ、器に注いでラディッシュを飾る。

## ●豆腐ハンバーグ

材料(2人分)
木綿豆腐——1/2丁
コーフー(＊)——100g
玉ねぎ——1/4個
全粒粉天然酵母パン粉——大さじ2
塩——小さじ1/4
コーン油——大さじ1
大根——100g
a [ しょうゆ——大さじ2
ゆずの絞り汁——小さじ2 ]
さやいんげん——10本

作り方
1. 木綿豆腐は水きりし、手でくずす。
2. コーフーはミンチにする。
3. 玉ねぎはみじん切りにする。フライパンにコーン油小さじ1を熱し、炒めておく。
4. 1〜3、全粒粉天然酵母パン粉、塩を混ぜ合わせ、小判型に丸める。
5. フライパンに残りのコーン油を熱し、4を入れ、ほんのり焼き色がつくまで、両面を焼く。
6. 大根はすりおろして軽く水気を絞り、aを加えて混ぜ合わせる。
7. 器に5を盛り、6をかけ、ゆでて半分に切ったさやいんげんを添える。

### コーフー(＊)を粉から作ってみよう

材料
全粒粉(強力粉)——200g
全粒粉(薄力粉)——20g
塩——小さじ1/2
水——2カップ(400㎖)
コーン油——適量

作り方
1. 全粒粉(強力粉)、全粒粉(薄力粉)、塩を混ぜ合わせる。
2. 1に水を加え、箸でかき混ぜながらまとめる。
3. ザルにコーン油を塗り、2を入れ、蒸し器に入れて2時間ほど蒸す。

コーフーは小麦のグルテン。「小麦の肉」とも呼ばれる。(詳しくはP153)

## ●セロリとゆかりの浅漬け

材料(2人分)
セロリ——1/2本
ゆかり——小さじ1
塩——少々

作り方
1. セロリは細切りにし、塩をふってもみ込み、水分が出てきたらさっと洗って水気を絞る。
2. 1にゆかりを加え、混ぜ合わせる。

## ●かぼちゃの洋風茶巾

材料(2人分)
かぼちゃ——100g
a [ シナモンパウダー——小さじ1/4
甜菜糖——小さじ2 ]

作り方
1. かぼちゃは種を取り除いて乱切りにし、やわらかくなるまでゆでる。
2. 1をザルにあげて水気をきり、熱いうちによくつぶし、aを加えて混ぜ、適量をラップで包み、茶巾にする。

---

総エネルギー 373kcal　Ca　Fe　A　C　E

毎日続けられる！玄米菜食メニュー 朝・昼・夜 1week

## 月曜日／夜

玄米ごはん、ミネストローネ風スープ、豆腐ハンバーグ、セロリとゆかりの浅漬け、かぼちゃの洋風茶巾

- 豆腐ハンバーグ
- 玄米ごはん
- かぼちゃの洋風茶巾
- セロリとゆかりの浅漬け
- ミネストローネ風スープ

61

# 火曜日の朝献立

*morning*

主食　大根の梅おじや
副菜1　キャベツと塩昆布のあえ物
副菜2　れんこんの甘酢漬け

## ●大根の梅おじや

材料(2人分)
大根──60g
梅干し──4個
昆布だし──2カップ(400ml)
玄米ごはん──茶碗2杯分
塩・しょうゆ──各少々

作り方
1. 大根は短冊切りにする。
2. 梅干しは種を取り除いて包丁で叩く。
3. 鍋に昆布だしを温め、1と2を入れて煮、大根がやわらかくなったら玄米ごはんを加える。
4. 3に塩、しょうゆを加えて味をととのえ、器に盛る。

## ●キャベツと塩昆布のあえ物

材料(2人分)
キャベツ──2枚
塩昆布──10g

作り方
1. キャベツは2cm角に切り、塩昆布を合わせてもみ込み、漬けておく。

## ●れんこんの甘酢漬け

材料(2人分)
れんこん──100g
a ┌ 昆布だし──1/4カップ(50ml)
　├ 酢──大さじ1
　├ 甜菜糖──小さじ1
　└ 塩──少々

作り方
1. れんこんはいちょう切りにし、熱湯でさっとゆで、ザルにあげて水気をきって冷ます。
2. 鍋にaを温めてひと煮立ちさせ、冷めたら1に加えて漬ける。

---

**Point　マクロビオティックの献立のポイント**

基本は一汁三菜。ただ、朝食や昼食などの忙しいときは、野菜と玄米をいっしょに煮込んだおじやと、作り置いた野菜の漬け物、あえものを添える程度でOK。夕食では豆腐を使って品数を増やすなど1日の中でバランスをとって。

---

総エネルギー **344**kcal　B1　C

毎日続けられる！玄米菜食メニュー 朝・昼・夜 1week

**火曜日／朝**

大根の梅おじや、キャベツと塩昆布のあえ物、れんこんの甘酢漬け

● キャベツと塩昆布のあえ物

● 大根の梅おじや

● れんこんの甘酢漬け

# 火曜日の昼の献立 Lunch

| | |
|---|---|
| 主食 | 玄米ごはん ごま塩かけ |
| 主菜 | 白身魚の木の芽みそ焼き |
| 副菜1 | 卯の花炒り |
| 副菜2 | きくらげとブロッコリーのごま酢あえ |

## ●玄米ごはん

（ごま塩をふりかけて）

## ●白身魚の木の芽みそ焼き

材料(2人分)
白身魚(たらなど)——2切れ(80g×2)
塩——少々
a ┌ 木の芽——8枚
　├ みそ——大さじ1
　├ 酒——小さじ2
　└ 甜菜糖——小さじ1

作り方
1. 白身魚に塩をふる。
2. aをすり鉢に入れてすり合わせる。
3. 1をオーブントースターなどで8分目くらいまで火を通す。
4. 3に2を塗り、焼き色がつくまで焼く。

## ●卯の花炒り

材料(2人分)
干ししいたけ——1枚
にんじん——20g
さやえんどう——4本
こんにゃく(細切り)——40g
おから——100g
a ┌ しょうゆ——大さじ1
　├ 酒——小さじ1
　├ 甜菜糖——小さじ1
　└ 塩——少々

作り方
1. 干ししいたけは水に浸して戻し、石づきを切り落とし、薄切りにする。戻し汁は残しておく。
2. にんじんは細切り、さやえんどうは斜め細切りにする。
3. こんにゃくは洗って熱湯でさっとゆでる。
4. 鍋に1の干ししいたけの戻し汁1/2カップ、aを加えて温め、1〜3を入れて煮る。
5. 4におからを加え、混ぜながら炒り煮する。

## ●きくらげとブロッコリーのごま酢あえ

材料(2人分)
きくらげ(乾燥)——5g
ブロッコリー——100g (約1/2株)
白すりごま——大さじ1
a ┌ しょうゆ——小さじ2
　└ 酢——小さじ2

作り方
1. きくらげは水に浸して戻してから水気を絞る。
2. ブロッコリーは小房に分け、下ゆでし、水気をきっておく。
3. 1と2に白すりごま、aを加えてあえる。

総エネルギー 514kcal　Ca　Fe　A　E　B1　B6　B12　C　食物繊維

- 玄米ごはん ごま塩かけ
- きくらげとブロッコリーのごま酢あえ
- 白身魚の木の芽みそ焼き
- 卯の花炒り

毎日続けられる！玄米菜食メニュー 朝・昼・夜 1week 1

火曜日／昼

玄米ごはんごま塩かけ、白身魚の木の芽みそ焼き、卯の花炒り、きくらげとブロッコリーのごま酢あえ

# 火曜日の献立 夜 dinner

| | |
|---|---|
| 主食&主菜 | 牛丼風味の玉ねぎ&干ししいたけうま煮のせごはん |
| 汁物 | お麩とわかめのみそ汁 |
| 副菜1 | 湯豆腐 |
| 副菜2 | おかひじきのサラダ |

## ●牛丼風味の玉ねぎ&干ししいたけうま煮のせごはん

材料(2人分)
玉ねぎ——1個
干ししいたけ——4枚
コーン油——大さじ1
a ┌ しょうゆ——大さじ1½
　├ 酒——小さじ1
　└ 甜菜糖——小さじ2
玄米ごはん——茶碗2杯分
しょうがの梅酢漬け——20g
三つ葉——適量

作り方
1. 玉ねぎは1cm幅に切り、干ししいたけは水に浸して戻してから石づきを切り落とし、細切りにする。戻し汁は½カップ残しておく。
2. フライパンにコーン油を熱し、1の玉ねぎをよく炒めてから1の干ししいたけを加えて炒め合わせる。
3. 1の戻し汁½カップを加え、煮立ったらaを加えて汁気が少なくなるまで煮詰める。
4. 器に玄米ごはんを盛って3をのせ、しょうがの梅酢漬けを添え、ざく切りにした三つ葉を散らす。

### しょうがの梅酢漬けの作り方
しょうが20gはよく洗ってから薄切りにし、さらに細切りにして、30分ほど水にさらす。たっぷりの熱湯に入れ、再び沸騰したらザルに取り出し、塩少々をふり、冷ましてから梅酢に漬ける。

## ●お麩とわかめのみそ汁

材料(2人分)
わかめ(乾燥)——3g
麩——5g
昆布だし——1½カップ(300ml)
みそ——大さじ1⅓

作り方
1. わかめは水に浸して戻し、水気をきって食べやすい大きさに切る。
2. 鍋に昆布だしを入れて煮立て、1と麩を加え、みそを溶き入れる。

## ●湯豆腐

材料(2人分)
木綿豆腐——½丁
昆布だし——2カップ(400ml)
◆薬味しょうゆ
a ┌ 万能ねぎの小口切り——大さじ½
　├ おろししょうが——1片分
　└ しょうゆ——大さじ1⅓

作り方
1. 木綿豆腐は水きりしてから4等分に切る。
2. 鍋に昆布だしを入れて温め、1を煮る。
3. 2をすくって器に盛り、aの薬味しょうゆをかける。

## ●おかひじきのサラダ

材料(2人分)
おかひじき——100g
長ねぎ——⅓本
きゅうり——¼本
とうもろこし——⅓本
a ┌ わさび——小さじ½
　├ しょうゆ——大さじ1
　├ 酢——大さじ1
　└ ごま油——大さじ½

作り方
1. おかひじきは熱湯でさっとゆで、水気を絞り、ざく切りにする。
2. 長ねぎは白髪ねぎに、きゅうりは小口切り、とうもろこしは熱湯でゆでて実をほぐす。
3. 1と2を合わせて器に盛り、混ぜ合わせたaをかける。

春が旬のおかひじきはひじきの形に似ている葉の細い野菜。シャキッとした歯触りが特徴。

総エネルギー 597kcal　Ca　Fe　A　E　B1　B6　食物繊維

毎日続けられる！玄米菜食メニュー 朝・昼・夜 1week1

**火曜日／夜**

牛丼風味の玉ねぎ＆干ししいたけうま煮のせごはん、お麩とわかめのみそ汁、湯豆腐、おかひじきのサラダ

● 牛丼風味の玉ねぎ＆干ししいたけうま煮のせごはん

● おかひじきのサラダ

● 湯豆腐

● お麩とわかめのみそ汁

67

# 水曜日の朝の献立 morning

| | |
|---|---|
| 主食 | 玄米梅がゆ |
| 汁物 | もずくのみそ汁 |
| 主菜 | 高野豆腐の含め煮 |
| 副菜1 | のりの佃煮 |
| 副菜2 | かぶの即席漬け |

## ●玄米梅がゆ

材料(2人分)
玄米——1/4合
水——1 3/4カップ(350㎖)
塩——小さじ1/4
梅干し——2個
青じそ——2枚

作り方
1. 玄米は洗ってザルにあげる。
2. 鍋に1、分量の水、塩を加えて蓋をし、中火にかける。
3. 蓋のすきまから蒸気が上がってきたら一瞬火を止める。
4. 3を再び火にかけて弱火にし、2時間ほど炊く。
5. 4は炊き上がったら蓋を取り、しゃもじで鍋底から大きく混ぜる。
6. 器に5を盛り、梅干し、青じそのせん切りをのせる。

## ●もずくのみそ汁

材料(2人分)
もずく——50g
木綿豆腐——1/8丁
昆布だし——1 1/2カップ(300㎖)
みそ——大さじ1 1/3
万能ねぎ——適量

作り方
1. もずくはよく洗ってからざく切りにする。
2. 木綿豆腐は水きりし、適当な大きさに切る。
3. 鍋に昆布だしを入れて温め、1と2を入れてゆで、みそを溶き入れる。
4. 器に3を盛り、小口切りにした万能ねぎを散らす。

## ●高野豆腐の含め煮

材料(2人分)
高野豆腐(乾燥)——2枚
さやえんどう——4枚
a ┌ 昆布だし——1カップ(200㎖)
  │ しょうゆ——大さじ1/2
  │ みりん——大さじ1
  └ 酒——少々

作り方
1. 高野豆腐は水に浸して戻し、水気を絞ってから4等分に切る。
2. さやえんどうは筋を取り除き、塩ゆでしてから斜め半分に切る。
3. 鍋にaを入れて煮立て1を加え、煮汁が少なくなるまで煮る。
4. 器に3を盛り、2を添える。
＊高野豆腐が小さめのサイズの場合は、煮汁(a)を半量にして下さい。

## ●のりの佃煮

材料と作り方はP38を参照

## ●かぶの即席漬け

材料(2人分)
かぶ(葉つき)——1株
昆布——3cm
a ┌ 酢——大さじ3
  │ 塩——少々
  └ しょうゆ——大さじ1/2

作り方
1. かぶはいちょう切りにし、葉の部分はざく切りにし、塩をまぶしてもみ込み、しんなりしたら水気をきる。
2. 昆布は濡れ布巾でふき、細切りにして、1とaを加えて漬け込む。

総エネルギー 291kcal  Ca  Fe  B12

毎日続けられる！玄米菜食メニュー　朝・昼・夜　1week 1

**水曜日／朝**

玄米梅がゆ、もずくのみそ汁、高野豆腐の含め煮、のりの佃煮、かぶの即席漬け

- かぶの即席漬け
- 玄米梅がゆ
- もずくのみそ汁
- 高野豆腐の含め煮
- のりの佃煮

# 水曜日の昼の献立 Lunch

| | |
|---|---|
| 主食&主菜 | 五目いなりすし |
| 副菜1 | ひじきの煮物 |
| 副菜2 | れんこんと大豆の梅あえ |

## ●●五目いなりすし

材料(2人分)
油揚げ——2枚
a ┌ 昆布だし——3/4カップ(150ml)
　├ しょうゆ——小さじ2
　├ みりん——大さじ1/2
　└ 甜菜糖——小さじ1/2
にんじん——20g
ごぼう——20g
干ししいたけ——1枚
b ┌ しょうゆ——小さじ1
　└ 甜菜糖——少々
玄米ごはん——茶碗2杯分
c ┌ 酢——大さじ1
　├ 甜菜糖——小さじ1/3
　└ 塩——少々

作り方

**1.** 油揚げは半分に切り、熱湯をかけて余分な油を落とし、鍋で温めた**a**に加えて煮汁が少なくなるまで煮る。

**2.** にんじん、ごぼうはささがきにし、干ししいたけは水に浸して戻し、石づきを切り落として薄切りにする。戻し汁は残しておく。

**3.** 鍋に**2**の干ししいたけの戻し汁1/2カップ、**b**を入れて煮立て、**2**を加えて煮汁が少なくなるまで煮る。

**4.** 玄米ごはんに合わせた**c**を加えて混ぜ合わせ、汁気をきった**3**を加えてさらに混ぜ合わせる。

**5.** **4**を適量手にとり、**1**で包む。

## ●ひじきの煮物

材料と作り方はP113参照

## ●れんこんと大豆の梅あえ

材料(2人分)
大豆(乾燥)——20g
れんこん——80g
さやいんげん——4本
a ┌ 梅干し(裏ごしたもの)——2個分
　├ しょうゆ——小さじ1
　├ 酢——小さじ1
　└ 酒——小さじ1

作り方

**1.** 大豆は洗ってからザルにあげて水気をきり、たっぷりの水にひと晩浸けておき、鍋に入れて蓋をして強火にかけ、煮立ったら弱火にしてやわらかくなるまで煮る。

**2.** れんこんは5mm角に切り、酢(分量外)を加えた熱湯でゆで、ザルにあげて水気をきる。

**3.** さやいんげんは塩ゆでし、5mm幅に切る。

**4.** **1**~**3**を合わせた**a**であえる。

## ●三年番茶

材料(2人分)
三年番茶——大さじ1 1/2
水——2 1/2カップ(500ml)

作り方

湯を沸騰させ、茶葉を入れて弱火にして10分~20分ほど煮出す。
＊分量や煮出し時間に関しては、お好みに合わせて調整を。

普通の番茶でもOK。興味のある方はぜひ三年番茶を。(詳しくはP140)

総エネルギー **497**kcal　Ca　Fe　A　B1　B6　食物繊維

毎日続けられる！玄米菜食メニュー　朝・昼・夜　1week 1

**水曜日／昼**

五目いなりすし、ひじきの煮物、れんこんと大豆の梅あえ

- 五目いなりすし
- ひじきの煮物
- れんこんと大豆の梅あえ

# 水曜日の夜の献立 dinner

| | |
|---|---|
| 主食 | 玄米ごはん |
| 主菜 | 根菜のポトフ |
| 副菜 | 切り昆布のサラダ |
| デザート | 豆乳のブラマンジェ |

## ●玄米ごはん

## ●根菜のポトフ

材料(2人分)
- しいたけ——2枚
- にんじん——40g
- かぼちゃ——100g
- れんこん——1/4節
- 玉ねぎ——1/2個
- かぶ——1個
- とうもろこし——1/4本
- にんにく——1片
- オリーブ油——大さじ1
- 昆布だし——2 1/2カップ(500ml)
- a ┌ 塩——小さじ1/2
    └ しょうゆ——小さじ1

作り方
1. しいたけは4等分、にんじんはいちょう切り、かぼちゃ、れんこんはひと口大、玉ねぎは1.5cm角、かぶはくし形、とうもろこしは1cm厚さの半月切りにする。
2. にんにくはみじん切りにする。
3. 鍋にオリーブ油を熱して**2**を炒め、香りが出てきたら**1**を加えて炒め合わせる。
4. **3**に昆布だしを加えて蓋をし、野菜に火が通るまで弱火で煮る。
5. **4**に**a**を加えて味をととのえ、器に盛る。

## ●切り昆布のサラダ

材料(2人分)
- 切り昆布(乾燥)——10g
- 貝われ大根——1/2パック
- ラディッシュ——2個
- レタス——4枚
- 玉ねぎ——1/8個
- a ┌ わさび——小さじ1/2
    │ コーン油——小さじ2
    │ しょうゆ——小さじ2
    └ 酒——大さじ1

作り方
1. 切り昆布は水に浸して戻し、ザルにあげて水気をきってからざく切りにする。
2. 貝われ大根は根を切り落とし、ラディッシュは薄切りにする。
3. レタスは食べやすい大きさにちぎる。
4. 玉ねぎはすりおろし、**a**を加えて混ぜ合わせる。
5. **1**〜**3**を合わせて器に盛り、**4**をかける。

切り昆布はあえ物はもちろん、漬け物、サラダなど大活躍。(詳しくはP152)

## ●豆乳のブラマンジェ

材料(2人分)
- コーンスターチ——大さじ2 1/2
- 甜菜糖——大さじ2
- 豆乳——1 3/4カップ(350ml)
- アーモンドパウダー——小さじ2

◆ソース
- ブルーベリー——50g
- 甜菜糖——大さじ1

作り方
1. コーンスターチ、甜菜糖を混ぜ、豆乳を少しずつ加えて火にかける。
2. 焦がさないように木べらでかき混ぜながら2〜3分練り、固まってきたらアーモンドパウダーを加える。
3. **2**を型に流し入れ、冷蔵庫で冷やし固める。
4. ブルーベリーをつぶして鍋に入れ、甜菜糖を加えてひと煮立ちさせてから、粗熱をとって冷蔵庫で冷やしてソースを作る。
5. **3**を器に盛り、**4**をかけていただく。

総エネルギー 695kcal | Fe | A | E | B1 | B6 | C | 食物繊維

毎日続けられる！玄米菜食メニュー　朝・昼・夜　1week 1

**水曜日／夜**

玄米ごはん、根菜のポトフ、切り昆布のサラダ、豆乳のブラマンジェ

- 根菜のポトフ
- 玄米ごはん
- 豆乳のブラマンジェ
- 切り昆布のサラダ

# 木曜日の朝献立 morning

| | |
|---|---|
| 主食&主菜 | 豆腐のみそおじや |
| 副菜1 | 岩のりのおろしあえ |
| 副菜2 | 白菜のゆず風味漬け |

## ●●豆腐のみそおじや

**材料(2人分)**
木綿豆腐——1/4丁
昆布だし——2カップ
みそ——大さじ2
玄米ごはん——茶碗2杯分
さやえんどう——2枚

**作り方**
1. 木綿豆腐は水きりをし、角切りにする。
2. 鍋に昆布だしを入れて煮立てみそを溶き入れ、1と玄米ごはんを加えてひと煮立ちさせる。
3. さやえんどうは塩ゆでし、斜め細切りにする。
4. 器に2を盛り、3を添える。

## ●岩のりのおろしあえ

**材料(2人分)**
大根——150g
岩のり——10g
白ごま——小さじ2
しょうゆ——大さじ1
すだち——適量

**作り方**
1. 大根はすりおろして軽く水気を絞り、岩のり、白ごま、しょうゆを加えてあえる。
2. 器に1を盛り、飾り切りにしたすだちを添える。

## ●白菜のゆず風味漬け

**材料(2人分)**
白菜——2枚
塩——小さじ1/4
ゆずの皮——適量
a [ 梅酢——小さじ1
    ゆずの絞り汁——大さじ1/2 ]

**作り方**
1. 白菜はざく切りにし、塩をふってもみ込み、水分が出てきたら一度洗い、水気を絞る。
2. ゆずの皮は細切りにする。
3. 1と2、aを合わせて漬ける。

> **Point** マクロビオティックの献立のポイント
>
> 1食の中で、玄米を中心に豆腐、旬の野菜、海藻を使ったおかずをバランスよく取り入れましょう。特に朝食はすぐに調理しやすいのりなどの海藻類、豆腐、納豆などの豆製品、青菜、白菜などの葉野菜を常備しておきましょう。

総エネルギー **405**kcal | Ca | Fe | A | B1 | B6 | B12 | 食物繊維

毎日続けられる！玄米菜食メニュー　朝・昼・夜　1week-1

**木曜日／朝**

豆腐のみそおじや、岩のりのおろしあえ、白菜のゆず風味漬け

- 岩のりのおろしあえ
- 豆腐のみそおじや
- 白菜のゆず風味漬け

# 木曜日の昼献立

Lunch

| | |
|---|---|
| 主食 | 玄米ごはん ごま塩かけ |
| 主菜 | テンペとブロッコリーのみそ炒め |
| 副菜1 | こんにゃくの炒り煮 |
| 副菜2 | パリパリピクルス |

## ●玄米ごはん

（ごま塩をふりかけて）

## ●テンペとブロッコリーのみそ炒め

材料(2人分)
テンペ——100g
ブロッコリー——1/2株
にんじん——20g
玉ねぎ——1/4個
しょうが——1片
コーン油——大さじ1/2
a ┌ みそ——大さじ1
　├ しょうゆ——大さじ1
　├ 酒——小さじ2
　└ 甜菜糖——小さじ2

作り方
1. テンペは食べやすい大きさに切る。
2. ブロッコリーは小房に分け、にんじんはいちょう切りにし、それぞれ下ゆでをしてザルにあげる。
3. 玉ねぎは角切りにする。
4. しょうがは細切りにする。
5. フライパンにコーン油を熱して4を香りが出るまで炒め、2と3を加えて炒め合わせる。
6. 5に1を加えてさらに炒め合わせ、aを加えて味をととのえる。

## ●こんにゃくの炒り煮

材料(2人分)
こんにゃく——1/2枚
塩——少々
a ┌ しょうゆ——大さじ1
　├ みりん——小さじ2
　└ ごま油——小さじ1
白すりごま——大さじ1

作り方
1. こんにゃくは食べやすい大きさにちぎり、塩を加えてよくもんでから水で洗い、ザルにあげて水気をきる。
2. フライパンに1を入れてから炒りし、表面が乾いたらaを加えて煮絡める。
3. 2に白すりごまを加えて混ぜ合わせる。

## ●パリパリピクルス

材料(2人分)
にんじん——1/4本
きゅうり——1/2本
セロリ——1/2本
昆布——3cm
a ┌ 水——1/2カップ
　├ 酢——1/2カップ
　├ 塩——小さじ1
　└ 甜菜糖——大さじ1

作り方
1. にんじんは拍子切りにし、熱湯でさっとゆでる。
2. きゅうり、セロリは拍子切りにする。
3. 昆布は濡れ布巾でふき、aに加えてひと煮立ちさせる。
4. 1～3を合わせて漬ける。

> **Point マクロビオティックの献立のポイント**
>
> お弁当に持っていくなら、玄米ごはんとごま塩を基本に、旬の野菜をたっぷり使ったおかずを添えて。なるべく水の出にくい食材を使ったおかずが基本。テンペや白身魚など量は少なくても食べ応えのある食材を利用しましょう。

総エネルギー 611kcal　Ca　Fe　A　E　B1　B6　C　食物繊維

毎日続けられる！玄米菜食メニュー 朝・昼・夜 1week 1

**木曜日／昼**

玄米ごはん ごま塩かけ、テンペとブロッコリーのみそ炒め、こんにゃくの炒り煮、パリパリピクルス

- 玄米ごはん ごま塩かけ
- こんにゃくの炒り煮
- パリパリピクルス
- テンペとブロッコリーのみそ炒め

# 木曜日の献立 夜 dinner

| | |
|---|---|
| 主食 | 玄米ごはん |
| 汁物 | きくらげと豆腐の中華風スープ |
| 主菜 | 生春巻き |
| 副菜1 | ガドガド |
| 副菜2 | なます |

## ●玄米ごはん

## ●きくらげと豆腐の中華風スープ

材料(2人分)
きくらげ(乾燥)——5g
木綿豆腐——1/4丁
しいたけ——1枚
昆布だし——2カップ(400㎖)
a ┌ しょうゆ——小さじ1
  │ ごま油——小さじ1
  │ 塩——小さじ1/3
  └ 白すりごま——小さじ2

作り方
1. きくらげは水に浸して戻してから細切りにし、木綿豆腐は水きりをして5mm幅に切る。
2. しいたけは、石づきを切り落とし、薄切りにする。
3. 鍋に昆布だしを入れて煮立て、1と2を加えてひと煮立ちしたらaを加えて味をととのえる。

## ●生春巻き

材料(2人分)
レタス——4枚
クレソン——2本
赤玉ねぎ——1/4個
緑豆春雨(乾燥)——50g
生春巻きの皮——6枚
◆つけだれ
にんにく・しょうが——各1片
長ねぎ——1/4本
a ┌ 酢——大さじ1
  │ しょうゆ——大さじ1
  │ 甜菜糖——小さじ1
  │ みりん——大さじ1
  │ 昆布だし——大さじ1
  │ ごま油——大さじ1/2
  └ 白すりごま——小さじ2

作り方
1. レタス、クレソンは食べやすい大きさに手でちぎり、赤玉ねぎは薄切りにする。
2. 緑豆春雨は熱湯に浸して戻し、ザルにあげて水気をきり、ざく切りにする。
3. 生春巻きは霧吹きをして戻す。
4. にんにく、しょうが、長ねぎはみじん切りにし、aを加えて混ぜ合わせてつけだれを作る。
5. 3に1と2を順にのせて巻いて器に盛り、4を添える。

## ●ガドガド

材料(2人分)
厚揚げ——1/2枚
カリフラワー——1/4株
さやいんげん——6本
玉ねぎ——1/6個
にんにく——1片
コーン油——大さじ1/2
a ┌ ピーナッツペースト——大さじ2
  │ 甜菜糖——小さじ1
  │ しょうゆ——大さじ1/2
  └ みそ——大さじ1/2

作り方
1. 厚揚げは8等分に切り、カリフラワーは小房に分け、さやいんげんは斜め半分に切る。それぞれ熱湯でゆで、ザルにあげて水気をきる。
2. 玉ねぎ、にんにくはみじん切りにする。
3. フライパンにコーン油を熱し、2を香りが出るまで炒める。
4. aに3を加えて混ぜ合わせる。
5. 器に1を盛り、4を添える。

## ●なます

材料(2人分)
大根——80g
にんじん——20g
塩——少々
ゆずの皮——少々
a ┌ しょうゆ——小さじ1/2
  │ ゆずの絞り汁——大さじ1/2
  │ みりん——小さじ1/2
  └ 甜菜糖——小さじ1/2

作り方
1. 大根、にんじんは拍子切りにし、塩をふってもみ、水分が出てきたら水気を絞る。
2. ゆずの皮は刻んで1と混ぜ合わせる。
3. 2にaを加えて混ぜ合わせる。

総エネルギー 834kcal  Ca  Fe  A  E  B1  B6  C  食物繊維

毎日続けられる！玄米菜食メニュー　朝・昼・夜　1week 1

**木曜日／夜**

玄米ごはん、きくらげと豆腐の中華風スープ、生春巻き、ガドガド、なます

- 玄米ごはん
- きくらげと豆腐の中華風スープ
- なます
- 生春巻き
- ガドガド

79

# 金曜日の朝の献立 morning

| | |
|---|---|
| 主食&主菜 | 全粒粉のクレープ |
| 汁物 | 豆乳黒ごまスープ |
| 副菜1 | 海藻とゆばのサラダ ごま酢みそドレッシング |
| 副菜2 | かぼちゃのグラッセ |

## ●全粒粉のクレープ

材料(2人分)

a ┌ 全粒粉——50g
　└ 塩——少々
豆乳——1 1/4カップ(250ml)
コーン油——小さじ1
レタス——4枚
きゅうり——1/4本
貝われ大根——1/4パック
ラディッシュ——1個

b ┌ 白みそ——大さじ1
　│ 赤みそ——大さじ1/2
　│ メープルシロップ——大さじ1
　│ オリーブ油——大さじ1/2
　└ 国産レモンの絞り汁——大さじ1

作り方

1. aはふるい、豆乳を混ぜ合わせ、コーン油を熱したフライパンに流し入れて薄く焼く。

2. レタスは食べやすい大きさにちぎり、きゅうりは縦半分に切ってから斜め薄切り、貝われ大根は根を切り落とし、ラディッシュは薄切りにする。

3. 2を合わせて冷水にさらし、シャキッとさせてからザルにあげて水気をきる。

4. 器に1をのせ、3を盛って、合わせたbをかけて包む。

## ●豆乳黒ごまスープ

材料(2人分)
豆乳——1 1/2カップ(300ml)
昆布だし——1/2カップ(100ml)
塩——小さじ1/3
黒すりごま——大さじ2

作り方

鍋に豆乳、昆布だしを入れて火にかけて温め、塩、黒すりごまを加えて味をととのえる。

## ●海藻とゆばのサラダ ごま酢みそドレッシング

材料(2人分)
生ゆば——40g
海藻ミックス(塩蔵)——50g
サラダ菜——2枚

a ┌ みそ——大さじ1
　│ 酢——大さじ1
　│ 白すりごま——小さじ2
　│ 甜菜糖——小さじ2
　└ ごま油——小さじ2

作り方

1. 生ゆばは水気をきり、食べやすい大きさに切る。

2. 海藻ミックスはよく洗ってから水に浸して塩抜きをし、水気をきる。

3. 器にちぎったサラダ菜を敷き、2と1を盛る。合わせたaをかける。

## ●かぼちゃのグラッセ

材料(2人分)
かぼちゃ——100g
甜菜糖——大さじ1
塩——少々

作り方

1. かぼちゃはひと口大に切り、鍋に入れてひたひたの水を加える。

2. 1に甜菜糖、塩を加えて強火にかけ、煮立ったら弱火にして煮含める。

### Point マクロビオティックの献立のポイント

玄米ごはんに飽きたときは、全粒粉を使ったクレープやパンなどもおすすめです。シャキッとした旬の生野菜を包んで、みそドレッシングをかければ、見た目、味ともにボリューム満点。

総エネルギー 599kcal　Ca　Fe　E　B1　B6　C　食物繊維

毎日続けられる！玄米菜食メニュー　朝・昼・夜　1week 1

**金曜日／朝**

全粒粉のクレープ、豆乳黒ごまスープ、海藻とゆばのサラダごま酢みそドレッシング、かぼちゃのグラッセ

● かぼちゃのグラッセ

● 全粒粉のクレープ

● 海藻とゆばのサラダ　ごま酢みそドレッシング

● 豆乳黒ごまスープ

# 金曜日の昼献立

Lunch

| | |
|---|---|
| 主食&主菜 | 白身魚のそぼろごはん |
| 副菜1 | 厚揚げのごま炊き |
| 副菜2 | にんじんのナムル |
| デザート | 国産オレンジ |

## ●●白身魚のそぼろごはん

**材料(2人分)**
白身魚切り身(たらなど)
——2切れ(80g×2)
a ┌ しょうゆ——小さじ2
　├ みそ——小さじ1
　└ みりん——小さじ1
さやえんどう——2枚
玄米ごはん——茶碗2杯分
刻みのり——適量

**作り方**
1. 白身魚は熱湯でゆで、水気をきって身をほぐす。
2. 鍋に1とaを入れて火にかけながら混ぜ合わせる。
3. さやえんどうは筋を取り除いてから塩ゆでし、斜め細切りにする。
4. 弁当箱に玄米ごはんを盛り、刻みのり、2と3を順にのせる。

## ●厚揚げのごま炊き

**材料(2人分)**
厚揚げ——1枚
さやいんげん——4本
a ┌ 昆布だし——1カップ
　├ しょうゆ——大さじ1
　├ 塩——小さじ1/4
　├ 甜菜糖——小さじ1
　└ 白すりごま——大さじ1

**作り方**
1. 厚揚げはザルにのせて熱湯をかけて油抜きし、8等分に切る。
2. さやいんげんは3cm長さの斜め切りにする。
3. 鍋にaを入れて煮立て、1と2を加えて10分ほど煮る。

## ●にんじんのナムル

**材料(2人分)**
にんじん——1/4本
もやし——60g
a ┌ 長ねぎのみじん切り——小さじ2
　├ ごま油——小さじ1
　├ しょうゆ・みりん——各大さじ1/2
　├ 塩——小さじ1/4
　├ 昆布だし——大さじ1 1/2
　└ 黒ごま——大さじ1

**作り方**
1. にんじんは4cm長さの細切りにし、もやしはひげ根を取り、熱湯でそれぞれさっとゆでる。
2. 1をザルにあげて水気をきり、粗熱がとれたら水気を絞る。
3. 2にaを加えてあえる。

## ●国産オレンジ

国産オレンジ適量を食べやすい大きさに切る。

総エネルギー **672kcal**　Ca　Fe　A　E　B1　B6　B12　C

毎日続けられる！玄米菜食メニュー 朝・昼・夜 1week 1

**金曜日／昼**

白身魚のそぼろごはん、厚揚げのごま炊き、にんじんのナムル、国産オレンジ

● 白身魚のそぼろごはん

● 国産オレンジ

● 厚揚げのごま炊き

● にんじんのナムル

# 金曜日の夜の献立
*dinner*

| | |
|---|---|
| 主食&主菜 | 玄米コロッケ |
| 汁物 | オニオングラタンスープ |
| 副菜 | 温野菜サラダ 豆腐マヨネーズ |

## ●●玄米コロッケ

材料(2人分)
玉ねぎ——1/4個
さやいんげん——3本
大豆(乾燥)——10g
a ┌ 玄米ごはん——茶碗1杯分
  │ 全粒粉天然酵母パン粉
  │ ——大さじ3
  │ 塩——小さじ1/4
  └ みそ——小さじ1
水溶き全粒粉——適量
全粒粉天然酵母パン粉——適量
コーン油——適量

◆ソース
にんじん——50g
玉ねぎ——20g
b ┌ 米水飴——大さじ1/3
  │ 梅酢——小さじ2/3
  └ 塩——適量

ソースなどに甘みをつけたいときは、米水飴がおすすめ。(詳しくはP155)

作り方
1. 玉ねぎはみじん切りにする。さやいんげんは塩ゆでし、5mm幅に切る。
2. 大豆は洗ってからザルにあげて水気をきり、たっぷりの水にひと晩つけておく。
3. 2を鍋に入れて蓋をして強火にかけ、煮立ったら弱火にしてやわらかくなるまで煮、ザルにあげて水気をきり、熱いうちにつぶす。
4. ボウルに1と3、aを入れて混ぜ合わせる。
5. 4をひと口大に丸め、水溶き全粒粉、全粒粉天然酵母パン粉を順にまぶす。
6. 5を170℃に熱したコーン油でカラッと揚げる。
7. にんじん、玉ねぎはみじん切りにして鍋に入れ、ひたひたになるまで水を加えて煮、しんなりしてきたら、bを加えて味をととのえ、やわらかくなるまで煮る。
8. 7をミキサーにかける。
9. 器に6を盛り、8のソースを添える。

## ●オニオングラタンスープ

材料(2人分)
玉ねぎ——2個(400g)
コーン油——小さじ2
昆布だし——3カップ(600ml)
ローリエ——1枚
塩——小さじ1/3
車麸——2枚
パセリのみじん切り——適量

作り方
1. 玉ねぎは薄切りにし、コーン油を熱した鍋であめ色になるまでじっくりと炒める。
2. 1に昆布だし、ローリエを加えて煮込み、塩を加えて味をととのえる。
3. 2を耐熱容器に盛り、車麸をのせ、オーブントースターでアツアツになるまで加熱し、パセリのみじん切りを散らす。

＊あればソーイチーズをのせるとさらにおいしく召し上がれます。

## ●温野菜サラダ 豆腐マヨネーズ

材料(2人分)
ブロッコリー——1/2株
カリフラワー——1/4株
にんじん——1/2本
エリンギ——1/2パック
木綿豆腐——1/4丁
玉ねぎ——1/8個
にんにく——1片
a ┌ 国産レモンの絞り汁・酢——各大さじ1
  │ 甜菜糖・白みそ——各小さじ1
  └ 塩——小さじ1/2

作り方
1. ブロッコリー、カリフラワーは小房に分け、にんじんは乱切りに、エリンギは食べやすい大きさに切る。
2. 1をそれぞれ塩ゆでし、ザルにあげて水気をきる。
3. 木綿豆腐はしっかりと水きりする。
4. 玉ねぎ、にんにくはすりおろす。
5. ミキサーに3と4、aを入れてなめらかになるまで混ぜ合わせる。
6. 器に2を盛り、5をかける。

総エネルギー594kcal  Ca  Fe  A  E  B1  B6  C  食物繊維

毎日続けられる！玄米菜食メニュー　朝・昼・夜　1week 1

**金曜日／夜**

玄米コロッケ、オニオングラタンスープ、温野菜サラダ　豆腐マヨネーズ

● 温野菜サラダ　豆腐マヨネーズ

● 玄米コロッケ

● オニオングラタンスープ

● 豆腐マヨネーズ

85

# 土曜日の朝の献立

morning

| | |
|---|---|
| 主食&主菜 | 納豆とろろ丼 |
| 汁物 | キャベツと油揚げのみそ汁 |
| 副菜1 | あずきとかぼちゃの煮物 |
| 副菜2 | 梅干し |

## ●納豆とろろ丼

材料(2人分)
納豆——1パック
山いも——100g
玄米ごはん——茶碗2杯分
青のり——小さじ1
しょうゆ——適量

作り方
1. 納豆はよく混ぜておく。
2. 山いもは皮をむいてすりおろす。
3. 器に玄米ごはんを盛り、2と1、青のりの順にのせ、しょうゆをかける。

## ●キャベツと油揚げのみそ汁

材料(2人分)
キャベツ——2枚
油揚げ——1/2枚
昆布だし——1 1/2カップ(300mℓ)
みそ——大さじ1 1/3

作り方
1. キャベツはざく切りにし、油揚げは熱湯をかけて余分な油を落とし、5mm幅に切る。
2. 鍋に昆布だしを入れて煮立て、1を加えて煮る。
3. 2にみそを加えて溶き入れ、器に盛る。

## ●あずきとかぼちゃの煮物

材料(2人分)
かぼちゃ——200g
あずき——1/3カップ
昆布だし——1 1/2カップ(300mℓ)
a ┌ 塩——小さじ1/4
　├ しょうゆ——小さじ2
　└ みりん——小さじ2

作り方
1. かぼちゃはひと口大に切る。
2. あずきは洗い、鍋に入れて昆布だしを加えて火にかけ、煮立ったら弱火にして煮る。途中2～3度びっくり水をさし、やわらかくなるまで煮、aを加える。
3. 2に1を加えて煮、かぼちゃがやわらかくなったら水分を飛ばすように混ぜ合わせる。

## ●梅干し

### Point マクロビオティックの献立のポイント

玄米ごはんには、梅干し、ごま塩、漬け物、みそ汁が合うものとして知られていますが、こっくりとした甘めの煮物もよく合います。週末に旬の野菜を使った煮物を作っておき、もう一品というときに登場させてもいいでしょう。

総エネルギー **631** kcal | Fe | E | B1 | B2 | B6 | C | 食物繊維

毎日続けられる！玄米菜食メニュー　朝・昼・夜　1week 1

**土曜日／朝**

納豆とろろ丼、キャベツと油揚げのみそ汁、あずきとかぼちゃの煮物、梅干し

● あずきとかぼちゃの煮物

● キャベツと油揚げのみそ汁

● 納豆とろろ丼

● 梅干し

# 土曜日の昼献立

Lunch

|主食&主菜|きつねうどん|
|---|---|
|副菜1|テンペのきんぴら|
|副菜2|もずく酢|
|デザート|くずきり|

## ●きつねうどん

**材料(2人分)**
油揚げ——1枚
干ししいたけ——2枚
a ┌ しょうゆ——小さじ1
  │ みりん——小さじ2/3
  └ 塩——少々
b ┌ 昆布だし——2カップ
  │ しょうゆ——大さじ2
  └ 塩——小さじ1/4
全粒粉うどん——2玉
長ねぎ——適量

**作り方**
1. 油揚げは半分に切り、熱湯をかけて油抜きをする。
2. 干ししいたけは水2カップに浸して戻し、石づきを切り落として薄切りにする。戻し汁は残しておく。
3. 鍋に2の戻し汁1カップ、aを煮立て、1と2を加えて煮る。
4. 別の鍋にb、2の残りの戻し汁を合わせて温め、めんつゆを作る。
5. 鍋に湯を沸かし、全粒粉うどんを加えてゆで、ザルにあげて水気をきる。
6. 器に5と3を盛り、4を注いで小口切りにした長ねぎを散らす。

## ●テンペのきんぴら

**材料(2人分)**
テンペ——80g
大根——70g
ごぼう——40g
にんじん——20g
ごま油——小さじ2
a ┌ しょうゆ——大さじ1
  └ みりん——小さじ2

**作り方**
1. テンペは短冊切りにし、大根、ごぼう、にんじんは細切りにする。
2. フライパンにごま油を熱し、1を炒め合わせ、aを加えて味をととのえる。

## ●もずく酢

**材料(2人分)**
生もずく——200g
きゅうり——1/4本
しょうが——1片
a ┌ 酢——大さじ4
  │ 甜菜糖——小さじ2
  └ 塩——少々
しょうゆ——小さじ2

**作り方**
1. 生もずくはたっぷりの熱湯でさっとゆで、ザルにあげて水洗いし、水気をきる。
2. きゅうりは小口切り、しょうがはすりおろす。
3. aを鍋に入れ、火にかけてひと煮立ちさせ、火を止めてからしょうゆを加え、冷蔵庫で冷やす。
4. 器に1と2を盛り、3を注ぐ。

## ●くずきり

**材料(2人分)**
くず粉——75g
水——230㎖
ぶどう——60g
a ┌ 天然ぶどうジュース
  │   ——1/2カップ(100㎖)
  │ 米水飴——大さじ1
  └ 国産レモンの絞り汁——大さじ1

**作り方**
1. くず粉に水を加えて混ぜ合わせ、金属のバットに薄く流し入れる。
2. 大きめの鍋にたっぷりの熱湯を沸かして1をバットごと浮かべ、白く固まったら熱湯に沈める。
3. くずが透明になってブクブクしはじめたら引き上げてバットごと冷水にさらし、くずをバットからはがし、5mm幅に切る。
4. ぶどうは5mm角に切り、aを加えて鍋に入れ、ひと煮立ちさせてから粗熱をとり、冷蔵庫で冷やす。
5. 器に3を盛り、4をかける。

一般的に使われる片栗粉の代わりに使われるくず粉。とろみづけやお菓子作りに(詳しくはP146)

総エネルギー 769kcal　Fe　食物繊維

毎日続けられる！玄米菜食メニュー　朝・昼・夜　1week 1

**土曜日／昼**

きつねうどん、テンペのきんぴら、もずく酢、くずきり

● きつねうどん

● もずく酢

● テンペのきんぴら

● くずきり

# 土曜日の夜の献立 dinner

| | |
|---|---|
| 主食 | 玄米ごはん |
| 汁物 | 中華風わかめスープ |
| 主菜 | 麻婆豆腐 |
| 副菜1 | 春雨サラダ |
| 副菜2 | きくらげの佃煮 |

## ●玄米ごはん

## ●中華風わかめスープ

**材料(2人分)**
わかめ(乾燥)——5g
しょうが——1片
長ねぎ——1/2本
ごま油——小さじ1
昆布だし——2カップ(400mℓ)
a ┌ しょうゆ——小さじ2
　└ 塩——小さじ1/3
白すりごま——大さじ1

**作り方**
1. わかめは水に浸して戻してから水気を絞り、食べやすい大きさに切る。
2. しょうがはみじん切り、長ねぎは斜め薄切りにする。
3. 鍋にごま油を熱して2を香りが出るまで炒め、昆布だし、1を加えて煮立たせる。
4. 3にaを加えて味をととのえ、器に盛り、白すりごまを散らす。

## ●麻婆豆腐

**材料(2人分)**
木綿豆腐——1/2丁
長ねぎ——1/2本
しょうが・にんにく——各1片
ごま油——小さじ2
コーフーミンチ——80g
a ┌ みそ——大さじ1
　│ しょうゆ——大さじ1/2
　│ みりん——大さじ1
　│ 昆布だし——2/3カップ
　└ 水溶きくず粉——小さじ1 1/2
万能ねぎ——適量

**作り方**
1. 木綿豆腐はしっかりと水きりをし、角切りにする。
2. 長ねぎ、しょうが、にんにくはみじん切りにする。
3. フライパンにごま油を熱し、2を香りが出るまで炒める。
4. 3に1とコーフーミンチを加えて炒め合わせ、aを加えて味をととのえる。
5. 器に4を盛り、小口切りにした万能ねぎを散らす。

## ●春雨サラダ

**材料(2人分)**
緑豆春雨(乾燥)——20g
にんじん——15g
きゅうり——20g
赤玉ねぎ——20g
a ┌ 白すりごま——大さじ1/2
　│ ごま油——小さじ1
　│ 酢——大さじ1/2
　└ しょうゆ——大さじ1/2

**作り方**
1. 緑豆春雨は熱湯に浸して戻し、ザルにあげて水気をきり、ざく切りにする。
2. にんじんは細切りにして熱湯でゆで、ザルにあげて水気をきる。
3. きゅうりはせん切り、赤玉ねぎは薄切りにする。
4. 1～3にaを加えて混ぜ合わせる。

## ●きくらげの佃煮

**材料(2人分)**
きくらげ(乾燥)——5g
しいたけ——2枚
ごま油——小さじ1/2
a ┌ 昆布だし——1/4カップ(50mℓ)
　│ しょうゆ——大さじ1
　│ みりん——小さじ1
　└ しょうがの絞り汁——少々

**作り方**
1. きくらげは水に浸して戻してから水気を絞る。しいたけは石づきを切り落として薄切りにする。
2. フライパンにごま油を熱し、1をさっと炒めてからaを加えて煮汁が少なくなるまで煮詰める。

総エネルギー **704**kcal　Ca　Fe　E　B1　B6　食物繊維

毎日続けられる！玄米菜食メニュー　朝・昼・夜　1week 1

**土曜日／夜**

玄米ごはん、中華風わかめスープ、麻婆豆腐、春雨サラダ、きくらげの佃煮

● きくらげの佃煮

● 春雨サラダ

● 中華風わかめスープ

● 麻婆豆腐

● 玄米ごはん

# そこが知りたい！マクロビオティック
〔栄養・実践編〕

### 乳製品をとらなくても、カルシウム不足にならないのですか？

マクロビオティックで常用するごま(1200mg)、大豆(240mg)、海藻類(ひじき1400mg・刻み昆布940mg)などがカルシウムを含んでいます。他に、リン摂取量がカルシウム摂取量より多いとカルシウムの吸収が妨げられますが、加工品や添加物などをとらないマクロビオティックでは、その心配がいりません。また、現代食のたんぱく質過剰摂取はカルシウムの排泄を促しますがこの点についても問題がないのでカルシウム不足にはなりません。

### 野菜の陰性と陽性って、具体的にどのようなものですか？

陰性の野菜は水分が多い、早い成長、春、夏に成長、上にのびる、地下には横にのびるという特徴があり、小松菜などの青菜、ねぎ、もやし、たけのこ、なす、トマト、きゅうり、かぶ、さつまいも、じゃがいもなどがあります。陽性の野菜は、水分が少ない、ゆっくりした成長、秋、冬に成長、地下に長くのびるという特徴があり、ごぼう、にんじん、れんこん、自然薯、らっきょう、冬大根などがあります。

### だんだんマクロビオティックの食生活にも慣れてきました。よくダイエットでは「今日はお肉を食べていい日」解禁日をつくってもいいと聞きますが、マクロビオティックにもそんな日をつくってもいいのですか？

マクロビオティックの食生活を始めて日が浅い場合は、現代食が恋しいと思うかもしれませんが、1週間もすると、体の変化(疲れにくくなった。気分が安定してイライラしない。朝の目覚めがいい)に気づき、知らない間に今までの食事から離れていきます。反対に「今日はお肉を食べていい日」とした後日に、体が重かったり、眠りが浅かったりと悪い変化にも気づくでしょう。どうするべきかは、体が教えてくれます。

# 素材別玄米菜食
# 応用レシピ

穀類・粉製品／にんじん・ごぼう／れんこん／かぼちゃ／
大根・かぶ／その他の野菜／ひじき／切り干し大根／
干ししいたけ／納豆・豆類／豆製品／高野豆腐／白身魚

〔玄米ごはんに合うみそ汁・スープ〕
〔デザート〕
〔マクロビオティックおすすめ！ 市販のおやつ〕
〔三年番茶・コーヒー風ノンカフェイン飲料〕

## 穀類・粉製品

玄米以外にもマクロビオティックで積極的に取り入れてほしい穀類・粉製品のかんたんレシピ。

## そばがき
### 手軽にできる素朴なおいしさ
**エネルギー 264kcal**

**材料(2人分)**
そば粉100g、湯180mℓ、
a 〔昆布だし1/2カップ(100mℓ)、しょうゆ大さじ2、みりん大さじ1〜2、わさび少々〕
長ねぎの小口切り10cm分、岩のり・白すりごま各適量

**そば粉**
(詳しくはP146)
そば粉と湯があれば、簡単にそばがきができて便利。

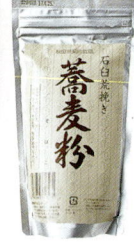

**作り方**
1. 鍋に湯を沸かし、沸騰したらそば粉を一気に加えて、すりこ木で2〜3回かき混ぜる。
2. 1を火からおろし、すりこ木でつやが出るまでさらに混ぜ合わせる。
3. 2をしゃもじで適量すくって木の葉の形にまとめ、熱湯でさっとゆでる。
4. 鍋にaを入れて火にかけ、ひと煮立ちさせ、つけ汁を作る。
5. 器に3を盛り、ゆで汁を適量注ぎ、4のつけ汁と薬味を添える。

縦書き：素材別玄米菜食応用レシピ　穀類・粉製品　そばがき、そばサラダ、みそ煮込みうどん

## そばサラダ
野菜がたっぷり入ったワンプレートディッシュ

**エネルギー 328kcal**

材料(2人分)
全粒粉そば100g、レタス4枚、貝われ大根1/4パック、長ねぎ1/3本、にんじん20g、枝豆(さやつき)100g

a ┃ 玉ねぎのすりおろし10g、しょうゆ大さじ2 2/3、白みそ・米水飴各小さじ1、酢大さじ2、ごま油大さじ1

作り方
1. レタスは食べやすい大きさに手でちぎり、貝われ大根は根を切り落とし、長ねぎは白髪ねぎ、にんじんはせん切りにする。
2. 枝豆は塩ゆでし、さやから取り出す。
3. そばは半分に折り、熱湯でゆでてから冷水にさらし、ザルにあげて水気をきる。
4. 1～3を合わせて器に盛り、混ぜ合わせたaをかける。

**全粒粉そば**
(詳しくはP146)
しっかりとした味とコシのある麺。常備しておきたい。

## みそ煮込みうどん
あっさりとしたみそ汁風味のうどんです

**エネルギー 384kcal**

材料(2人分)
全粒粉うどん160g、長ねぎ1本、ごぼう1/3本、にんじん20g、かぼちゃ60g、しいたけ3枚

a ┃ 昆布だし2 1/2カップ(500ml)、しいたけだし1/2カップ(100ml)、みそ大さじ2、しょうゆ大さじ1/2

作り方
1. 長ねぎは斜めに切り、ごぼう、にんじんはささがき、かぼちゃは5mm厚さに切り、しいたけはそぎ切りにする。
2. うどんは熱湯でゆでてからザルにあげて水気をきる。
3. 鍋にaを入れて火にかけてひと煮立ちさせ、1の野菜を入れて煮る。
4. 野菜がやわらかくなったら2を加えてさっと煮込む。

＊全粒粉そば、うどんが手に入らない場合は、普通のそば、うどんでもOK。

**全粒粉うどん**
(詳しくはP146)
一般的なうどんと違い、かなり細めのタイプ。マクロビオティックでは秋、冬で食べるのがおすすめ。

## 全粒粉パスタのペペロンチーノ
にんにくとオリーブ油の風味がおいしい健康パスタ

**エネルギー 388kcal**

材料(2人分)
全粒粉パスタ160g、にんにく1片、松の実大さじ2、オリーブ油大さじ1、塩・しょうゆ各少々、芽ねぎ適量

作り方

**1.** にんにくは薄切りにし、松の実はから炒りする。

**2.** 大きめの鍋に熱湯を沸かして塩を加え、全粒粉パスタを加えてゆで、ザルにあげて水気をきる。(ゆで汁3/4カップはとっておく。)

**3.** フライパンにオリーブ油を熱し、1のにんにくを香りが出るまで炒め、1の松の実、2を加えて炒め合わせる。

**4.** 3に2のゆで汁、塩、しょうゆで味をととのえ、器に盛り、芽ねぎを飾る。

**全粒粉パスタ**
(詳しくはP146)
しっかりと歯ごたえと旨みが濃いパスタ。しょうゆ味で食べるとおいしい。

## 和風きのこパスタ
ダイエットしている人にもおすすめのヘルシーパスタ

**エネルギー 357kcal**

材料(2人分)
全粒粉パスタ160g、しめじ1パック、しいたけ3枚、長ねぎ1本、塩少々、大根100g、コーン油・しょうゆ各大さじ1、青じそ2枚

作り方

**1.** きのこは石づきを切り落とす。しめじは手でほぐし、しいたけは薄切りにする。長ねぎは斜め薄切りにする。

**2.** フライパンにコーン油を熱し、1の長ねぎを香りが出るまで炒め、1のきのこを加えて炒め合わせる。

**3.** 大きめの鍋に熱湯を沸かして塩を加え、全粒粉パスタを加えてゆで、ザルにあげて水気をきる。(ゆで汁3/4カップはとっておく。)

**4.** 2に3のパスタとゆで汁を加えて絡め、塩を加えて味をととのえる。

**5.** 大根はすりおろし、しょうゆを加えて混ぜ合わせる。

**6.** 器に4を盛り、5とせん切りにした青じそをのせる。

＊全粒粉パスタが手に入らない場合は普通のパスタでもOK。

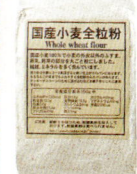

## 全粒粉のくるみパン
時間をかけてじっくり作ってみましょう

**エネルギー 174kcal**（1個分）

材料（12個分）
全粒粉（薄力粉）400g、全粒粉（強力粉）100g、塩小さじ1½、オリーブ油大さじ1½、水220㎖、酵母種大さじ3、くるみ30g

作り方
1. ボウルに材料をすべて入れてよくこねる。
2. 1の生地を丸めて濡れ布巾をかぶせ、30℃位の室温におき、2倍に膨らむまで3時間ほどおく。
3. 砕いたくるみを2に加えてこねて合わせ、12等分に分けて成型し、温かいところに1時間ほどおく。
4. 3を天板に並べ、180℃に予熱したオーブンで15分ほど焼く。

**全粒粉**
（詳しくはP146）
味が濃く、旨みたっぷり。くるみとの相性もバツグン。

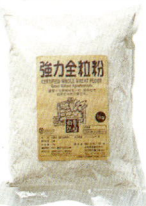

### 酵母種の作り方
熱湯消毒したガラス瓶にホシノ天然酵母の元種50g、ぬるま湯½カップを入れてよく混ぜ合わせ、軽く蓋をのせて2～3日、台所などの室内で20時間ほどおく。一度プクプクと発酵し、落ち着いた時ができあがりの目安。

## にんじん・ごぼう

身体を温める根菜類は陽性に近い食べ物。積極的に使いましょう。

### きんぴらごぼう
れんこんを加えてもおいしくできます

**エネルギー 79kcal**

材料(2人分)
ごぼう60g、にんじん30g、ごま油・白ごま各小さじ1、しょうゆ小さじ2、みりん大さじ1

作り方
1. ごぼう、にんじんは細切りにする。
2. フライパンにごま油を熱して1を炒め合わせる。
3. 2にしょうゆ、みりんを加えて味つけする。器に盛り、白ごまをふる。

## にんじんのホットサラダ
**コーン油でビタミンAの吸収率がアップ**

エネルギー 65kcal

材料(2人分)
にんじん1/2本、玉ねぎ1/4個
**a** 酢大さじ2、コーン油小さじ2、塩小さじ1/3、ローリエ1枚

作り方
**1.** にんじんは細切りにし、熱湯でさっとゆでてからザルにあげて水気をきる。
**2.** 玉ねぎはみじん切りにする。
**3.** フライパンに**a**を入れて温め、**1**、**2**を加えて混ぜ合わせ、温かいうちに器に盛る。

**にんじん**
(詳しくはP150)
無農薬有機栽培のにんじんは、とにかく甘くておいしい。葉の部分も残さず食べたい。

## にんじんともやしのナッツあえ
**くるみやアーモンドの歯ごたえと香りがおいしい**

エネルギー 159kcal

材料(2人分)
にんじん1/2本、もやし50g、アーモンド・くるみ各20g
**a** しょうゆ・昆布だし各大さじ1、米水飴小さじ1/2、塩少々

作り方
**1.** にんじんは4cm長さの細切りにする。
**2. 1**のにんじん、もやしをそれぞれ熱湯でさっとゆで、ザルにあげて水気をきる。粗熱をとり、水気をしっかり絞る。
**3.** アーモンド、くるみはビニール袋に入れて麺棒などで叩いて砕く。
**4. 2**と**3**に**a**を加えてあえる。

素材別玄米菜食応用レシピ
にんじん・ごぼう
きんぴらごぼう、にんじんのホットサラダ、にんじんともやしのナッツあえ

## ごぼうのかき揚げ
**全粒粉の衣は味があっておいしい**

> エネルギー 367kcal

**材料(2人分)**
ごぼう1/2本、にんじん1/4本、三つ葉5本
**a** 全粒粉大さじ3、水1/4カップ(50mℓ)
コーン油適量
**b** 昆布だし1/2カップ(100mℓ)、しょうゆ・みりん各大さじ1 2/3、塩少々
大根100g

**作り方**
**1.** ごぼう、にんじんはピーラーなどで薄くそぎ、三つ葉はざく切りにする。
**2.** 合わせた**a**に**1**を絡ませ、170℃に熱したコーン油でカラッと揚げる。
**3.** 鍋に**b**を入れてひと煮立ちさせて火を止め、粗熱をとり、すりおろした大根と合わせる。
**4.** 器に**2**を盛り、**3**を添える。

## ごぼうのごまみそ煮
**まとめて作っておくと便利です**

> エネルギー 197kcal

**材料(2人分)**
ごぼう1本
**a** 昆布だし1/2カップ(100mℓ)、みそ小さじ1、白すりごま大さじ1/2、しょうゆ・甜菜糖各小さじ1/2

**作り方**
**1.** ごぼうは麺棒などで叩いてから4cm長さのぶつ切りにし、酢(分量外)を加えた熱湯でゆでる。
**2.** 鍋に**a**、水気をきった**1**を加えて火にかけ、煮詰める。

**ごぼう**
(詳しくはP150)
有機のごぼうは、アクを抜く必要なし！丸ごといただきましょう。

## 五目豆
しっかりとした豆と根菜の旨みたっぷり！
**エネルギー 122kcal**

**材料(2人分)**
大豆(乾燥)30g、ごぼう1/4本、にんじん30g、こんにゃく1/4枚、昆布5cm、水1 1/2カップ(300mℓ)
a [ しょうゆ大さじ2、みりん・酒各小さじ2 ]

**作り方**
1. 大豆は洗ってからザルにあげて水気をきり、たっぷりの水にひと晩つけておく。鍋に入れて火にかけ、煮立ったら弱火にしてやわらかくなるまで煮る。
2. 1をザルにあげて水気をきる。
3. ごぼう、にんじんは1cm角に切り、こんにゃくは1cm角に切って熱湯でさっとゆでてザルにあげ、水気をきる。
4. 昆布は分量の水に浸して戻し、1cm角に切る。戻し汁はとっておく。
5. 鍋に4の戻し汁、2～4を入れて煮、野菜がやわらかくなったらaを加えて汁気がなくなるまで煮る。

# れんこん

れんこんの歯ごたえと旨みそのものをいただきましょう。

## れんこんと豆腐の揚げだんご
### ふんわり豆腐の中にれんこんの食感が新鮮

**エネルギー 202kcal**

**れんこん**（詳しくはP150）
滑らかな肌の丸い筒型のれんこんが最良。エグミがなく、歯ごたえ抜群。

### 材料（2人分）
れんこん1/2節（100g）、木綿豆腐1/2丁（150g～200g）、コーンスターチ小さじ2、塩少々、すだち1個、コーン油・しょうゆ各適量

### 作り方
1. れんこんは5mm角に切り、酢（分量外）を加えた熱湯でゆで、ザルにあげて水気をきる。
2. 木綿豆腐はよく水きりし、手でほぐす。
3. ボウルに1と2、コーンスターチ、塩を加えて混ぜ合わせ、ひと口大に丸めたら、さらにコーンスターチ（分量外）をまぶす。
4. 3を170℃に熱したコーン油でカラッと揚げ、器に盛り、すだち、しょうゆをかける。

## れんこん炒め煮
サクサクおいしい和のおかず

**エネルギー 137kcal**

材料(2人分)
れんこん1節(200g)、ごま油小さじ2
**a** しょうゆ大さじ1½、昆布だし½カップ(100mℓ)
白ごま少々

作り方
1. れんこんは乱切りにする。
2. フライパンにごま油を熱し、**1**をさっと炒めてから**a**を加えて煮詰め、白ごまをふる。

## れんこんのフリット
炭酸水を加えることがポイント

**エネルギー 342kcal**

材料(2人分)
れんこん1節(200g)
**a** 全粒粉大さじ3、炭酸水カップ¼カップ(50mℓ)
コーン油適量、国産レモン・塩各適量

作り方
1. れんこんは麺棒などで叩いて食べやすい大きさにする。
2. 合わせた**a**に**1**を絡ませ、170℃に熱したコーン油でカラッと揚げる。
3. 器に**2**を盛り、くし形に切ったレモン、塩を添える。

## れんこんのわさびじょうゆ焼き
食べごたえ満点!これだけで満腹!

**エネルギー 166kcal**

材料(2人分)
れんこん1節(200g)、全粒粉適量、コーン油小さじ2
**a** しょうゆ・昆布だし各大さじ2、わさび小さじ½
万能ねぎ適量

作り方
1. れんこんは2cm厚さの輪切りにし、全粒粉を全体に薄くまぶす。
2. フライパンにコーン油を熱し、**1**を両面焼く。
3. **2**に**a**を加えて煮絡め、器に盛り、小口切りにした万能ねぎを散らす。

素材別玄米菜食応用レシピ

れんこん

れんこんと豆腐の揚げだんご、れんこん炒め煮、れんこんのフリット、れんこんのわさびじょうゆ焼き

## かぼちゃ

かぼちゃはカロテンが豊富な上、ホックリとした甘みが特徴。身体を温めてくれる食べ物です。

### かぼちゃの豆乳グラタン
牛乳の代わりに豆乳と豆腐を加えたヘルシーグラタン

**エネルギー 127kcal**

**かぼちゃ**
（詳しくはP150）
自然のほっくりとした甘さが格別。皮ごといただきます。ビタミン類が豊富。

**材料（2人分）**
木綿豆腐1/3丁
a ［豆乳1/2カップ（100mℓ）、みそ小さじ1、塩小さじ1/4］
かぼちゃ1/6個、全粒粉天然酵母パン粉大さじ2、パセリのみじん切り適量

**作り方**
1. 木綿豆腐は水きりし、aと合わせてミキサーにかけてなめらかにする。
2. かぼちゃは種を取り除いて5mm厚さに切り、蒸す。
3. 耐熱皿に2、1の順に盛る。
4. 3に全粒粉天然酵母パン粉、パセリのみじん切りをふりかけてオーブントースターで焼き色がつくまで焼く。

素材別玄米菜食応用レシピ

かぼちゃ

かぼちゃの豆乳グラタン、かぼちゃの煮物、かぼちゃのサラダ、かぼちゃの天ぷら

## かぼちゃの煮物
定番の煮物も甜菜糖で、上品な味に

**エネルギー 227kcal**

材料(2人分)
かぼちゃ1/4個
**a** 水1カップ(200㎖)、しょうゆ小さじ2、甜菜糖小さじ1、塩少々

作り方
1. かぼちゃは種を取り除き、ひと口大に切る。
2. 鍋に**1**の皮目を下にして並べ、**a**を加えて中火にかけ、落とし蓋をして煮汁が少なくなるまで煮る。

## かぼちゃのサラダ
ナッツ類とレーズンをたっぷり入れて

**エネルギー 247kcal**

材料(2人分)
かぼちゃ1/6個、松の実・レーズン各10g、くるみ・アーモンド各15g
**a** 酢大さじ2、コーン油大さじ1、塩小さじ1/4

作り方
1. かぼちゃはひと口大に切り、熱湯でゆで、ザルにあげて水気をきってから粗めにつぶす。
2. 松の実、くるみ、アーモンドはフライパンでから炒りし、ビニール袋に入れて麺棒などで叩いて砕く。
3. ボウルに**1**と**2**、レーズンを入れ、合わせた**a**を加えてあえる。

## かぼちゃの天ぷら
豆乳で溶いた全粒粉の衣は、もちっとしておいしい

**エネルギー 182kcal**

材料(2人分)
かぼちゃ1/8個、コーン油適量、大根100g
**a** 全粒粉大さじ3、豆乳1/4カップ(50㎖)
**b** 昆布だし3/4カップ(150㎖)、しょうゆ・みりん各大さじ2 1/3、塩少々

作り方
1. かぼちゃは5mm厚さの薄切りにする。
2. 合わせた**a**に**1**を絡ませ、170℃に熱したコーン油でカラッと揚げる。
3. 鍋に**b**を入れてひと煮立ちさせ、器に盛り、すりおろした大根を添える。
4. 器に**2**を盛り、**3**を添える。

# 大根・かぶ

土の中に根をはって育つ大根・かぶは、すすんで食べたい食材。煮物、サラダなどバリエーションも豊富。

## ふろふき大根

皮つきのまま面取りはしないから簡単！ゆずの香りが生きています

**エネルギー 64kcal**

### 材料(2人分)
大根6cm
a ┌ みそ・昆布だし各大さじ2、甜菜糖小さじ2、酒小さじ1
　└ ゆずの絞り汁1個分、ゆずの皮適量

### 作り方

**1.** 大根は3cm厚さの輪切りにして鍋に入れ、かぶるくらいの昆布だし(分量外)を加えてじっくりとやわらかくなるまで煮る。

**2.** 別の鍋にaを入れ、かき混ぜながらひと煮立ちさせ、火からおろしてゆずの絞り汁を加える。

**3.** ゆずの皮は薄くそいで細切りにする。

**4.** 器に水気をきった1を盛り、2をかけて3を添える。

**大根・かぶ**
(詳しくはP150)
旬の大根とかぶは、みずみずしく甘みがあります。皮と葉もおいしい！

素材別玄米菜食応用レシピ

大根・かぶ

ふろふき大根、かぶと油揚げの煮浸し、大根のパリパリサラダ、かぶのゆずしょうゆあえ

## かぶと油揚げの煮浸し
油揚げは油抜きをすることを忘れずに

**エネルギー 114kcal**

材料(2人分)
かぶ(葉つき)3株、油揚げ1枚
**a** 昆布だし1カップ(200㎖)、しょうゆ大さじ1½、みりん大さじ1

作り方
1. かぶはくし形に切り、葉の部分はざく切りにする。
2. 油揚げは熱湯をかけて余分な油を落とし、1.5cm幅に切る。
3. 鍋に1と2、**a**を入れ、蓋をして、かぶがやわらかくなるまで煮る。

## 大根のパリパリサラダ
梅ドレッシングが大根にぴったり

**エネルギー 106kcal**

材料(2人分)
大根150g、貝われ大根½パック、ラディッシュ2個
**a** 梅干し(種を取り除き、叩いたもの)1個分、米水飴・しょうゆ各大さじ½、酢・コーン油各大さじ1

作り方
1. 大根は短冊切りにし、貝われ大根は根を切り落とし、ラディッシュは薄切りにする。
2. 1を合わせて器に盛り、**a**のドレッシングをかける。

## かぶのゆずしょうゆあえ
たっぷり作って常備菜としても◎

**エネルギー 28kcal**

材料(2人分)
かぶ(葉つき)2株、塩少々、ゆず1個
**a** しょうゆ小さじ1、昆布だし小さじ2

作り方
1. かぶはいちょう切りにし、葉の部分はざく切りにする。
2. 1に塩をふってもみ込み、水分が出てきたら洗ってから水気を絞る。
3. ゆずの皮は薄くそいで細切りにし、絞り汁に**a**を加える。
4. 2に3を加えてあえる。

# その他の野菜

葉菜、根菜、地上菜(かぼちゃ、キャベツなどの球型の野菜)をそれぞれバランスよくいただくことがポイントです。

## オニオンフライ
ボリューム満点の主菜としても

**エネルギー 209kcal**

材料(2人分)
玉ねぎ1個
**a** 全粒粉大さじ3、豆乳1/4カップ(50mℓ)
全粒粉天然酵母パン粉・コーン油各適量、塩少々

作り方
**1.** 玉ねぎは1.5cm厚さの輪切りにし、爪楊枝で崩れないように留める。
**2. 1**に**a**、全粒粉天然酵母パン粉の順に衣をまぶし、170℃に熱したコーン油でカラッと揚げ、爪楊枝を取り除いて塩をふる。

**その他の野菜**
(詳しくはP150)
旬の野菜を上手に利用した料理が一番。あえ物や煮物、サラダなど幅広く利用して。

## ねぎの豆乳煮

ねぎがやわらかくなるまで煮るのがおいしい

エネルギー 92kcal

材料(2人分)
長ねぎ3本
**a** 昆布だし1/4カップ(50ml)、豆乳1カップ(200ml)、塩少々
パセリのみじん切り適量

作り方
1. 長ねぎは4cm長さのぶつ切りにする。
2. 鍋に**a**を入れてひと煮立ちさせ、**1**を加え、やわらかくなるまで煮る。
3. 器に盛り、パセリのみじん切りを散らす。

## きのこの梅あえ

きのこは食感を残してゆでて

エネルギー 17kcal

材料(2人分)
しめじ・えのきだけ各1/2パック、しいたけ3枚
**a** 梅肉小さじ2、しょうゆ小さじ1
青じそ1枚、みょうが1/2個

作り方
1. きのこは石づきを切り落とす。しめじ、えのきだけは手でほぐし、しいたけは薄切りにし、それぞれ熱湯でさっとゆで、ザルあげて水気を絞る。
2. **1**に**a**を加えてあえ、器に盛り、せん切りにした青じそ、みょうがを添える。

## ラーパーツァイ風 白菜漬け

あつあつのごま油をかけるのがポイント

エネルギー 111kcal

材料(2人分)
白菜1/8株、塩小さじ1、しょうが1片、ラディッシュ1/2個
**a** 酢1/4カップ(50ml)、甜菜糖大さじ1、塩小さじ1/3
ごま油大さじ1

作り方
1. 白菜は5cm長さのざく切りにして1cm幅に切り、塩をふってよくもんで重石をし、30分ほど漬ける。
2. しょうが、ラディッシュはせん切りにする。
3. **a**に水気を絞った**1**と**2**を加えて混ぜ合わせ、小鍋で熱したごま油をまわしかけて、さらに30分ほど漬け込む。

素材別玄米菜食応用レシピ

その他の野菜

オニオンフライ、ねぎの豆乳煮、きのこの梅あえ、ラーパーツァイ風 白菜漬け

### キャベツののりあえ
**ビタミンUが豊富なキャベツで胃腸快調!**

エネルギー 97kcal

材料(2人分)
キャベツ4枚、きゅうり1/4本、塩少々、焼きのり2枚
**a** ごま油・しょうゆ各大さじ1

作り方
1. キャベツは2cm角に切り、きゅうりは小口切りにし、塩をふってもみ込み、水分が出てきたら水気を絞る。
2. 焼きのりはさっとあぶって食べやすい大きさに手でちぎる。
3. 1と2に**a**を加えてあえる。

### 小松菜と板麩の炒め煮
**板麩は未精白で漂白しない小麦粉から作られたものを**

エネルギー 94kcal

材料(2人分)
小松菜1/2束、板麩1枚
**a** しょうゆ大さじ1/2、昆布だし大さじ1、しょうがの絞り汁・みそ・甜菜糖各小さじ1、塩少々
ごま油小さじ2

作り方
1. 小松菜はざく切りにする。
2. 板麩はぬるま湯に浸して戻し、水気をきってから1.5cm幅に切る。
3. フライパンにごま油を熱し、1と2、**a**を順に加えて炒め合わせ、煮汁が少なくなるまで煮含める。

### ブロッコリーのごまみそあえ
**陰陽のバランスがいいごまとみその組み合わせ**

エネルギー 51kcal

材料(2人分)
ブロッコリー1/2株
**a** みそ・昆布だし・白すりごま各大さじ1/2、しょうゆ・甜菜糖各小さじ1/2

作り方
1. ブロッコリーは小房に分けて塩ゆでし、ザルにあげて水気をきる。
2. **a**をよく混ぜ合わせ、1に加えてあえる。

## さやいんげんのゆば巻き揚げ
お弁当のおかずにもぴったりのヘルシー揚げ

**エネルギー 204kcal**

材料(2人分)
さやいんげん12本、にんじん1/4本、生ゆば2枚、コーン油・レモン・塩 各適量

作り方
1. さやいんげんは半分に切る。
2. にんじんはさやいんげんと同じ長さの細切りにする。
3. 1と2を生ゆばで巻き、爪楊枝で端を留める。
4. 170℃に熱したコーン油で3をカラッと揚げる。
5. 器に4を盛り、くし形に切ったレモンと塩を添える。

## ひじき

海藻の中でも、鉄分、カルシウムなどのミネラルが豊富なひじきは常備しておきたい食材です。

## ひじきと枝豆のサラダ
粒マスタードがピリリと効いておいしい

**エネルギー 118kcal**

**ひじき**
（詳しくはP152）
芽ひじきと長ひじき、生と乾燥などタイプはさまざま。料理に合わせて選びたい。

### 材料(2人分)
ひじき(乾燥)10g
a [ 昆布だし1/4カップ(50ml)、しょうゆ小さじ2 ]
枝豆(さやつき)100g、レタス2枚、ラディッシュ2個
b [ 天然粒マスタード大さじ1/2、米水飴小さじ1、コーン油・しょうゆ各小さじ2、酢大さじ1 ]

### 作り方
1. ひじきはよく洗い、水に浸して戻した後、aで下煮をしておき、汁気をきる。
2. 枝豆は塩ゆでし、ザルにあげて水気をきってさやから出す。
3. レタスは2cm角に切り、ラディッシュは薄切りにする。
4. 1〜3を合わせて器に盛り、bのドレッシングをかける。

素材別玄米菜食応用レシピ

ひじき

ひじきと枝豆のサラダ、ひじきの煮物、ひじきの白あえ、ひじきともやしの酢の物

## ひじきの煮物
まとめて作って保存しておきましょう

**エネルギー 99kcal**

材料(2人分)
ひじき(乾燥)10g、にんじん20g、さやえんどう5枚、油揚げ1/2枚
**a** 昆布だし1カップ(200mℓ)、しょうゆ大さじ1、酒・甜菜糖各小さじ1

作り方
1. ひじきはよく洗ってから水に浸して戻し、水気を絞る。
2. にんじんは細切り、さやえんどうは斜めに細切りにする。
3. 油揚げは熱湯をかけて余分な油を落とし、細切りにする。
4. 鍋に**a**を入れて煮立て、**1**〜**3**を加えて煮汁が少なくなるまで煮る。

## ひじきの白あえ
栄養バランス抜群！あとは玄米ごはんとみそ汁でOK

**エネルギー 151kcal**

材料(2人分)
ひじき(乾燥)10g、にんじん20g、さやいんげん4本、木綿豆腐1/2丁
**a** 昆布だし1/4カップ(50mℓ)、しょうゆ小さじ1
**b** 白ねりごま大さじ1、白すりごま・甜菜糖各小さじ1、しょうゆ小さじ1/2、塩小さじ1/4

作り方
1. ひじきは戻し、水気をきる。にんじんは細切り、さやいんげんは斜め細切りにしてそれぞれ熱湯でさっとゆでる。
2. 鍋に**1**と**a**を煮て汁気をきる。
3. 水気をきり、くずした木綿豆腐と**2**、**b**を混ぜ合わせる。

## ひじきともやしの酢の物
酢はなるべく玄米黒酢を使うようにしましょう

**エネルギー 29kcal**

材料(2人分)
ひじき(乾燥)10g、もやし1/2袋、すだち1個
**a** 昆布だし1/4カップ(50mℓ)、しょうゆ小さじ2
**b** 酢大さじ1、しょうゆ小さじ2、塩少々、甜菜糖小さじ1

作り方
1. ひじきはよく洗ってから水に浸して戻した後、**a**で下煮をしておき、汁気をきる。
2. もやしは熱湯でさっとゆでてから水気を絞る。
3. ボウルに**1**と**2**を入れ、**b**とすだちの絞り汁を加えてあえる。
4. 器に盛り、飾り切りにしたすだちを飾る。

# 切り干し大根

大根の乾燥品。干した食材はもとのものよりも栄養素が凝縮されて、旨みもアップ。

## 切り干し大根の煮物
**最後にきっちり煮きることがポイント**

エネルギー 74kcal

材料(2人分)
切り干し大根(乾燥)20g、にんじん20g、さやいんげん4本、油揚げ1/2枚、干ししいたけ1枚、昆布だし1カップ(200ml)
a [ しょうゆ大さじ1、酒・甜菜糖各小さじ1 ]

作り方
1. 切り干し大根はよく洗ってから水に浸して戻し、水気を絞る。
2. にんじんは細切り、さやいんげんは斜めに細切りにする。
3. 油揚げは熱湯をかけて余分な油を落として細切りに、干ししいたけは水に浸して戻し、石づきを切り落として薄切りにする。戻し汁は1/2カップ残しておく。
4. 鍋に昆布だし、3の干ししいたけの戻し汁1/2カップ、aを入れて煮立て、1~3の材料を加えて煮汁が少なくなるまで煮る。

**切り干し大根**
(詳しくはP151)
機械干しが多い切り干し大根ですが、天日干しにこだわりたい。

## 切り干し大根とこんにゃくの炒め物
ごま油がきいておいしい！

**エネルギー 117kcal**

材料(2人分)
切り干し大根(乾燥)・にんじん各20g、細切りこんにゃく60g、ごま油小さじ2
**a** しょうゆ・みりん・昆布だし各大さじ1、白ごま小さじ2

作り方
1. 切り干し大根はよく洗い、水に浸して戻し、水気を絞る。
2. 細切りこんにゃくは洗ってから熱湯でさっとゆで、ザルにあげて水気をきる。
3. にんじんは細切りにする。
4. フライパンにごま油を熱し、3、2、1の順に加えて炒め合わせ、**a**を加えて味をととのえる。

## 切り干し大根と切り昆布のハリハリ漬け
煮る手間が省けて、簡単、新鮮！

**エネルギー 70kcal**

材料(2人分)
切り干し大根(乾燥)20g、切り昆布(乾燥)10g、しょうが1片
**a** 酢大さじ1½、しょうゆ・甜菜糖各大さじ½、みりん大さじ1

作り方
1. 切り干し大根、切り昆布はそれぞれよく洗ってから水に浸して戻し、水気を絞る。
2. しょうがはせん切りにする。
3. **a**はよく混ぜ合わせ、1と2を加えて20分ほど漬ける。

## 切り干し大根のナムル風
切り干し大根も韓国風に！

**エネルギー 84kcal**

材料(2人分)
切り干し大根(乾燥)20g、きゅうり¼本、もやし30g、白ごま小さじ2
**a** 長ねぎのみじん切り小さじ2、ごま油小さじ1、しょうゆ・みりん各大さじ1½、塩小さじ¼、昆布だし大さじ1½

作り方
1. 切り干し大根はよく洗い、水に浸して戻し、水気を絞る。
2. きゅうりはせん切り、もやしはさっとゆでて水気を絞る。
3. **a**はよく混ぜ合わせ、1と2をあえ、白ごまをふる。

# 干ししいたけ

太陽の光に当てることで、旨み、栄養ともに凝縮された干ししいたけ。戻し汁はだしとして使いましょう。

## 干ししいたけと豆腐のとろとろ煮
くず粉を使ってとろみをつけて
**エネルギー 107kcal**

**干ししいたけ**（詳しくはP151）
干ししいたけには、どんこと香信がある。どんこは肉厚で煮物や焼き物に。

### 材料(2人分)
干ししいたけ(乾燥)6枚、木綿豆腐1/2丁
a [ しょうゆ大さじ1 1/2、酒・甜菜糖各小さじ1
くず粉適量

### 作り方
1. 干ししいたけは水に浸して戻し、石づきを切り落とす。戻し汁は1 1/2カップ残しておく。
2. 木綿豆腐は水きりし、8等分に切る。
3. 鍋に1の戻し汁1 1/2カップとaを合わせて煮立て、1と2を加えて蓋をし、15分ほど煮る。
4. 3に水で溶いたくず粉を加えてとろみをつける。

### 干ししいたけの甘辛煮
**ビタミンDが豊富でカルシウム強化!**

エネルギー 24kcal

材料(2人分)
干ししいたけ(乾燥)8枚
a しょうゆ大さじ1、酒・甜菜糖各小さじ1½
さやえんどう2枚

作り方
1. 干ししいたけは水に浸して戻し、石づきを切り落とす。戻し汁は1カップ残しておく。
2. 鍋に1の戻し汁1カップとaを合わせて煮立て、1を加えて煮汁が少なくなるまで煮る。
3. さやえんどうは塩ゆでし、斜め半分に切る。
4. 器に2を盛り、3を添える。

### 干ししいたけと厚揚げの炒め物
**厚揚げは余分な油を落としてから調理して**

エネルギー 143kcal

材料(2人分)
干ししいたけ(乾燥)4枚、厚揚げ½丁、チンゲン菜1株、ごま油小さじ2
a 塩・しょうゆ各少々、みりん小さじ1、白みそ小さじ2

作り方
1. 干ししいたけは水に浸して戻し、そぎ切りにする。戻し汁大さじ2はとっておく。厚揚げは熱湯をかけて余分な油を落とし、8等分に切る。チンゲン菜はざく切りにする。
2. フライパンにごま油を熱し、1の材料を炒め合わせ、1の戻し汁大さじ2とaを加えて味をととのえる。

### 干ししいたけと大根のうま煮
**戻し汁をだしとして使って、ゆっくり煮込んで**

エネルギー 71kcal

材料(2人分)
干ししいたけ(乾燥)6枚、大根150g
a しょうゆ・みりん各大さじ1、ごま油小さじ1

作り方
1. 干ししいたけは水に浸して戻し、石づきを切り落とす。戻し汁は1カップ残しておく。
2. 大根は乱切りにし、鍋に入れてひたひたの水(分量外)を加えて火にかけて下ゆでし、ザルにあげて水気をきる。
3. 鍋に1の戻し汁1カップとaを合わせて煮立て、1と2を加えて煮汁が少なくなるまで煮る。

# 玄米ごはんに合う　みそ汁・スープ

玄米ごはんにごま塩、そして欠かせない存在なのが、このみそ汁＆スープ。
特に大豆を麦や米麹の菌を使って塩で漬け込み、
発酵させたみそを使ったみそ汁は健康を保つために大切です。

## 1 みそ仕立てのけんちん汁
**根菜たっぷりの栄養満点みそ汁です**

`エネルギー 132kcal`

材料(2人分)
ごぼう1/3本、にんじん20g、大根・細切りこんにゃく各40g、木綿豆腐1/4丁、ごま油小さじ2、昆布だし1 1/2カップ(300㎖)、みそ大さじ1 1/3、長ねぎ適量

作り方
1. ごぼう、にんじんはささがき、大根はいちょう切りにする。
2. 細切りこんにゃくは熱湯でさっとゆでてからザルにあげて水気をきる。
3. 木綿豆腐は水きりし、1.5cm角に切る。
4. 鍋にごま油を熱し、1～3を順に加えて炒め合わせ、昆布だしを加えて煮る。
5. 4の野菜がやわらかくなったらみそを加えて溶かし、器に盛り、小口切りにした長ねぎを散らす。

## 2 納豆みそ汁
**納豆は、ひきわりタイプを使えば簡単**

`エネルギー 130kcal`

材料(2人分)
納豆1パック、昆布だし1 1/2カップ(300㎖)、みそ大さじ1 1/3、長ねぎ適量

作り方
1. 納豆は細かく刻んでおく。
2. 鍋に昆布だしを入れて煮立ててみそを溶き、1の納豆を加える。
3. 器に2を盛り、小口切りにした長ねぎを散らす。

## 3 ごまみそ汁
**濃厚な味で食べごたえあり！**

`エネルギー 125kcal`

材料(2人分)
木綿豆腐1/3丁、わかめ(乾燥)3g、昆布だし1 1/2カップ(300㎖)、みそ大さじ1 1/3、白ねりごま大さじ1、白ごま・万能ねぎ各適量

作り方
1. 木綿豆腐は水きりして1.5cm角に切る。わかめは水で戻し、水気を絞ってざく切りにする。
2. 鍋に昆布だしを入れて煮立てて1を加え、みそを溶かす。
3. 2に白ねりごまを加えて混ぜ合わせ、器に盛り、白ごま、小口切りにした万能ねぎを散らす。

## 4 オクラとみょうがのみそ汁
**夏に食べたいさっぱり味**

`エネルギー 39kcal`

材料(2人分)
オクラ6本、みょうが3個、昆布だし1 1/2カップ(300㎖)、みそ大さじ1 1/3

作り方
1. オクラは塩をふって板ずりし、斜め半分に切る。みょうがは斜めに薄切りにする。
2. 鍋に昆布だしを入れて煮立て、1を加えてさっと煮、みそを加えて溶かす。

素材別玄米菜食応用レシピ

**みそ汁・スープ**

みそ仕立てのけんちん汁、納豆みそ汁、ごまみそ汁、オクラとみょうがのみそ汁

2 1
4 3

2 1
4 3

## 1 冬瓜のとろとろスープ
冬瓜はできるだけ、やわらかく煮込みましょう

**エネルギー 25kcal**

材料(2人分)
冬瓜120g
**a** 昆布だし・しいたけだし各¾カップ(各150㎖)
しょうが1片、塩・しょうゆ・くず粉各少々、くこの実適量

作り方
1. 冬瓜は食べやすい大きさに切り、しょうがはせん切りにする。
2. 鍋に**1**と**a**を入れて火にかけ、冬瓜がやわらかくなったら塩、しょうゆを加えて味をととのえる。
3. **2**に水で溶いたくず粉を加えてとろみをつけ、器に盛ってくこの実を散らす。

## 2 豆腐の梅すまし汁
シンプルだけど、酸味が玄米ごはんによく合う

**エネルギー 85kcal**

材料(2人分)
絹ごし豆腐½丁、昆布だし1½カップ(300㎖)
**a** 塩少々、酒・しょうゆ各小さじ½
梅干し2個、三つ葉適量

作り方
1. 絹ごし豆腐は水きりし、1.5cm角に切る。
2. 鍋に昆布だしを入れて煮立たせ、**1**を加え、**a**、梅干しを加えて味をととのえる。
3. 器に**2**を盛り、ざく切りにした三つ葉を散らす。

## 3 春雨と白菜のあっさりスープ
春雨は緑豆春雨を使って

**エネルギー 46kcal**

材料(2人分)
緑豆春雨(乾燥)10g、白菜2枚、干ししいたけ1枚、昆布だし1カップ(200㎖)
**a** しょうゆ・酢各小さじ2、塩小さじ¼
ごま油少々

作り方
1. 春雨は熱湯に浸して戻し、ザルにあげて水気をきり、ざく切りにする。白菜は細切りにする。
2. 干ししいたけは水に浸して戻し、薄切りにする。戻し汁は1カップ残しておく。
3. 鍋に昆布だし、**2**の戻し汁1カップを入れて煮立たせ、**1**と**2**を加える。
4. **3**の白菜がやわらかくなったら**a**を加えて味をととのえ、香りづけにごま油を加えて器に盛る。

## 4 豆乳のコーンポタージュ
とうもろこしの甘みでおいしい！

**エネルギー 108kcal**

材料(2人分)
とうもろこし1本、豆乳1¼カップ(250㎖)、昆布だし¼カップ(50㎖)、塩小さじ¼、パセリのみじん切り適量

作り方
1. とうもろこしは熱湯でゆで、ザルにあげて水気をきってから実をほぐす。
2. **1**と豆乳を合わせてミキサーにかけ、なめらかにする。
3. 鍋に**2**、昆布だしを加えて温め、塩で味をととのえる。
4. 器に**3**を盛り、パセリのみじん切りを散らす。

# 納豆・豆類

マクロビオティックでは、動物性たんぱく質の代わりに、豆、納豆などの植物性たんぱく質が重要になってきます。いろいろ工夫してバリエーションを広げて。

## 納豆おやき
### 3時のおやつにもぴったり
**エネルギー 331kcal**

材料(2人分)
全粒粉1カップ、塩少々、水70ml、納豆1パック、にんじん30g、大根の葉適量、万能ねぎ5本、しょうゆ・ごま油各小さじ2

作り方
1. 全粒粉に塩、分量の水(冬の場合はぬるま湯)を加えて混ぜ合わせ、よくこねてから1時間ほど寝かせる。
2. 納豆に小口切りにした万能ねぎ、しょうゆを加えて混ぜ合わせる。
3. にんじんは細切り、大根の葉は刻み、ごま油小さじ1で炒めておく。
4. 1~3をそれぞれ6等分にする。
5. 手に水(分量外)をつけながら1の生地を伸ばして2と3を包む。
6. フライパンに残りのごま油を熱して5を両面焼き、弱火にして蓋をし、5分ほど蒸し焼きにする。

素材別玄米菜食応用レシピ

納豆・豆類

納豆おやき、納豆と五色野菜のあえ物、納豆とわかめの酢じょうゆあえ

## 納豆と五色野菜のあえ物
**彩りがきれいな野菜たっぷり小鉢**

エネルギー 152kcal

材料(2人分)
納豆1パック、オクラ4本、青菜(モロヘイヤ、小松菜など)・山いも各50g、きゅうり1/2本、みょうが2個
**a** しょうゆ小さじ2、昆布だし大さじ1、みりん大さじ1/2

作り方
1. オクラは塩をふって板ずりし、熱湯でさっとゆでてから斜め薄切りにする。
2. 青菜は塩ゆでしてから水気を絞り、2cm幅に切る。
3. 山いもは3cm長さの細切りにする。
4. きゅうり、みょうがは小口切りにする。きゅうりは塩でもんでしんなりしたら、水洗いをして水気を絞る。
5. 1〜4に納豆、**a**を加えて混ぜ合わせる。

## 納豆とわかめの酢じょうゆあえ
**食物繊維たっぷり!**

エネルギー 215kcal

材料(2人分)
納豆2パック、わかめ(乾燥)6g、長ねぎ1/4本
**a** しょうゆ・酢各小さじ2

作り方
1. 納豆はよく混ぜておき、わかめは水に浸して戻してから、熱湯をかけて水気を絞り、食べやすい大きさに切る。
2. 長ねぎは小口切りにする。
3. 1に2を加えて混ぜ合わせ、**a**を加えてあえる。

**納豆**
(詳しくはP148)
納豆も有機ものにこだわりたい。遺伝子組み替えでない有機大豆が原料のものを。

## ガルバンゾーサラダ
歯ごたえがおいしいマイルドサラダ

**エネルギー 261kcal**

材料(2人分)
ガルバンゾー(ひよこ豆)½カップ、玉ねぎ¼個、きゅうり⅓本、キャベツ2枚
a [ 白みそ小さじ2、豆乳大さじ3、レモン汁・甜菜糖・しょうゆ・オリーブ油各小さじ1 ]

作り方
**1.** ガルバンゾーは洗ってから3倍の水にひと晩ほど浸しておく(表皮が伸びてくるのが目安)。
**2.** 1の水をかえて鍋に入れ、やわらかくなるまで2時間ほど煮て水気をきっておく。
**3.** 玉ねぎはみじん切りにして水にさらしておく。
**4.** きゅうり、キャベツは1cm角に切る。
**5.** 2〜4に合わせたaを加えて混ぜ合わせる。

**ガルバンゾー**
(詳しくはP147)
別名ひよこ豆。噛みごたえ満点。サラダの他、煮物にもぴったり。

## 大豆と切り昆布の煮物
食材それぞれの旨みがたっぷり

**エネルギー 147kcal**

材料(2人分)
大豆(乾燥)50g、切り昆布(乾燥)10g、油揚げ½枚
a [ 昆布だし1カップ(200㎖)、しょうゆ大さじ1、酒・甜菜糖各小さじ1 ]

作り方
**1.** 大豆は洗ってからザルにあげて水気をきり、たっぷりの水にひと晩浸けておく。鍋に入れて蓋をして強火にかけ、煮立ったら弱火にしてやわらかくなるまで煮、ザルにあげて水気をきる。
**2.** 切り昆布は水に浸して戻し、ざく切りにする。
**3.** 油揚げは熱湯をかけて余分な油を落とし、縦半分に切ってから1cm幅に切る。
**4.** 鍋にaを入れて煮立て1〜3を加え、煮汁が少なくなるまで煮る。

素材別玄米菜食応用レシピ

納豆・豆類

ガルバンゾーサラダ、大豆と切り昆布の煮物、キドニービーンズ（金時豆）のマリネ、テンペの竜田揚げ

## キドニービーンズ（金時豆）のマリネ
### 粒マスタードやレモン汁にはこだわって
**エネルギー 258kcal**

材料（2人分）
キドニービーンズ（乾燥）50g、玉ねぎ1/8個、にんにく1/2片、オリーブ油大さじ1/2
a ［国産レモンの絞り汁大さじ1、天然粒マスタード小さじ1、塩・しょうゆ各少々］

作り方
1. キドニービーンズは洗い、ザルにあげて水気をきり、たっぷりの水にひと晩浸けておく。
2. 鍋に1を入れて蓋をして強火にかけ、煮立ったら弱火にしてやわらかくなるまで煮、ザルにあげて水気をきる。
3. 玉ねぎはみじん切りにして水にさらしておく。
4. にんにくはみじん切りにする。
5. フライパンにオリーブ油を熱し、4を香りが出るまで炒め、水気をきった3と2を順に加えて炒め合わせる。
6. 5にaを加えて火を止め、粗熱をとってから冷蔵庫で冷やす。

## テンペの竜田揚げ
### インドネシアの大豆製品に注目！
**エネルギー 244kcal**

材料（2人分）
テンペ150g
a しょうがの絞り汁・みりん各大さじ1、しょうゆ大さじ2
全粒粉・コーン油・キャベツ・国産レモン各適量

作り方
1. テンペは食べやすい大きさに切り、aに漬ける。
2. 1に全粒粉をまぶし、170℃に熱したコーン油でカラッと揚げる。
3. 器に2を盛り、せん切りにしたキャベツ、くし形に切ったレモンを添える。

**テンペ**
（詳しくはP153）
揚げ物、炒め物、マリネなど大いに活用したい食材。健康効果も抜群。

## 豆製品

豆類は戻すのが面倒…という人は、豆腐や油揚げなどの豆製品を使うのもいいでしょう。サラダにしたり、炒めて、焼いて、汁物にと幅広くおいしいメニューが楽しめます。

## 豆腐ステーキ
表面をカリッと焼いて香ばしく仕上げて

エネルギー 247kcal

### 材料(2人分)
木綿豆腐1丁(400g)、塩少々、にんにくのすりおろし小さじ1、全粒粉適量、ごま油大さじ1、しいたけ2枚、えのきだけ・しめじ各1/4パック
a [昆布だし1/2カップ(100mℓ)、しょうゆ小さじ2、塩・酒各少々
くず粉・万能ねぎ各適量

### 作り方
1. 木綿豆腐はしっかりと水きりをし、4等分に切る。
2. 1に塩、にんにくのすりおろしで下味をつけ、全粒粉をまぶす。
3. フライパンにごま油を熱し、2の両面をパリッと焼く。
4. きのこは石づきを切り落とし、しいたけは薄切り、えのきだけ、しめじは手でほぐす。
5. 鍋にaを入れて煮立て、4を加えてさっと煮、水で溶いたくず粉を加えてとろみをつける。
6. 器に3を盛って5をかけ、小口切りにした万能ねぎを散らす。

素材別玄米菜食応用レシピ

豆製品

豆腐ステーキ、豆腐の豆乳鍋、豆腐とチンゲン菜の中華風炒め煮

## 豆腐の豆乳鍋
**豆乳と豆腐の相性はもちろん◎**

エネルギー 229kcal

材料(2人分)

木綿豆腐1/2丁(200g)、長ねぎ1本、水菜1/2束、しめじ1/2パック、大根100g、にんじん1/4本

a ┌ 豆乳2カップ(400㎖)、昆布だし1/2カップ(100㎖)、しょうゆ大さじ1

作り方

1. 木綿豆腐は水きりをし、4等分に切る。
2. 長ねぎは斜めに、水菜はざく切り、しめじは石づきを切り落としてほぐし、大根、にんじんは短冊切りにする。
3. 鍋にaを温め、1と2を加えて煮る。

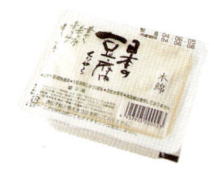

**豆腐**
(詳しくはP148)
マクロビオティックでは、絹豆腐よりも木綿豆腐がおすすめ。原料は有機のものを。

## 豆腐とチンゲン菜の中華風炒め煮
**しょうがとにんにくの風味がおいしい炒め物です**

エネルギー 239kcal

材料(2人分)

木綿豆腐1丁(400g)、チンゲン菜2株、きくらげ(乾燥)5g、しょうが・にんにく各1片、しいたけだし3/4カップ(150㎖)、ごま油・しょうゆ各大さじ1、塩少々、くず粉適量

作り方

1. 木綿豆腐は水きりをし、1.5cm角に切る。
2. チンゲン菜は3cm幅に切り、きくらげは水に浸して戻し、細切りにする。
3. しょうが、にんにくはそれぞれみじん切りにする。
4. フライパンにごま油を熱し、3を香りが出るまで炒め、1と2を加えて炒め合わせ、しいたけだしを加えて煮立たせる。
5. 4にしょうゆ、塩を加えて味をととのえ、水で溶いたくず粉を加えてとろみをつける。

## 厚揚げの納豆はさみ焼き
オーブントースターがなければ、魚焼きグリルでも

`エネルギー 261kcal`

材料(2人分)
厚揚げ1枚、納豆1パック、万能ねぎ1本、しょうが1/2片、大根おろし50g、しょうゆ小さじ2

作り方
1. 厚揚げは熱湯をかけて余分な油を落とし、4等分に切ってから半分の厚さに切り込みを入れる。
2. 万能ねぎは小口切りに、しょうがはみじん切りにする。
3. 納豆に2、大根おろし、しょうゆを加えて混ぜ合わせる。
4. 1の切り込みに3を入れ、オーブントースターなどで表面に焼き色がつくまで焼く。

**厚揚げ**
(詳しくはP148)
炒め物、焼き物に。お弁当やおつまみにもおすすめ。

## 油揚げのねぎみそ焼き
ねぎみそは、まとめて作っておくと便利

`エネルギー 59kcal`

材料(2人分)
油揚げ1枚、長ねぎ1/2本、しょうが1/2片
a みそ大さじ1/2、しょうゆ・酒・甜菜糖各小さじ1/2

作り方
1. 油揚げは熱湯をかけて余分な油を落とし、水気をよく拭き取ってから4等分に切る。
2. 長ねぎ、しょうがはみじん切りにし、aを加えて混ぜ合わせる。
3. 2を1の表面に塗り、オーブントースターで焼き色がつくまで焼く。

**油揚げ**
(詳しくはP148)
揚げ油に菜種油などを使用したものは、風味がよくおいしい。

素材別玄米菜食応用レシピ　豆製品

厚揚げの納豆はさみ焼き、油揚げのねぎみそ焼き、ゆばの香味サラダ わさびじょうゆドレッシング、豆腐とセイタンのメンチカツ

## ゆばの香味サラダ わさびじょうゆドレッシング
おもてなしにもぴったり

**エネルギー 103kcal**

材料(2人分)
生ゆば60ｇ、大根100ｇ、青じそ4枚、万能ねぎ2本、貝われ大根1/4パック、紅たでで小さじ2、花穂じそ4本
**a** わさび小さじ1/2、しょうゆ・酢・昆布だし各大さじ1

作り方
**1.** ゆばは水きりをし、食べやすい大きさに切る。
**2.** 大根、青じそはせん切り、万能ねぎは小口切り、貝われ大根は根を切り落とし、紅たでを加えて合わせる。
**3.** 器に**2**を盛り、**1**をのせ、花穂じそを散らし、**a**のドレッシングをかける。

**ゆば**
（詳しくはP148）
豆乳を火にかけて表面にできる膜のこと。生ゆばならわさびじょうゆで。

## 豆腐とセイタンのメンチカツ
口寂しくなったら、このメニュー！

**エネルギー 318kcal**

材料(2人分)
木綿豆腐1/2丁、玉ねぎ1/4個、山いも50ｇ
**a** セイタンミンチ100ｇ、全粒粉天然酵母パン粉適量、塩少々
全粒粉・全粒粉天然酵母パン粉・コーン油・キャベツ・国産レモン・しょうゆ各適量

作り方
**1.** 木綿豆腐は水きりし、くずす。
**2.** 玉ねぎはみじん切りにし、コーン油小さじ1で炒める。
**3.** 山いもは、すりおろす。
**4.** ボウルに**1**～**3**、**a**を加えて混ぜ合わせ、小判型に丸める。
**5.** **4**に水で溶いた全粒粉、全粒粉天然酵母パン粉の順に衣をまぶし、170℃に熱したコーン油でカラッと揚げる。
**6.** 器に**5**を盛り、せん切りにしたキャベツ、くし形に切ったレモン、しょうゆを添える。

**セイタン**
（詳しくはP153）
小麦グルテンをしょうゆ、みりん等で味をつけたもの。瓶詰めのものが多い。

## 高野豆腐

乾物の中でも、豊富なたんぱく質とカルシウムなどのミネラルを含むスーパー食材。煮物だけでなく、いろいろな料理に使えるのでおぼえておきましょう。

### 高野豆腐のフライ
高野豆腐に味をしっかり含ませることがポイント

**エネルギー 852kcal**

**高野豆腐**
（詳しくはP148）
煮物だけでなく、フライやあえものなどにもよく合います。

#### 材料（2人分）
高野豆腐（乾燥）2枚
a ［しょうゆ大さじ1、しょうがの絞り汁小さじ2、酒小さじ1
全粒粉・全粒粉天然酵母パン粉・コーン油・キャベツ・国産レモン各適量

#### 作り方
1. 高野豆腐は水に浸して戻し、絞りながらよく洗って水気をきり、半分に切る。
2. 1をaに浸してから、水で溶いた全粒粉、全粒粉天然酵母パン粉の順に衣をつける。
3. 170℃に熱したコーン油で2をカラッと揚げる。
4. 器に3を盛り、せん切りにしたキャベツ、輪切りにしたレモンを添える。

## 高野豆腐とかぶのみそ煮
みそ風味も高野豆腐にぴったり

**エネルギー 172kcal**

材料(2人分)
高野豆腐(乾燥)2枚、かぶ(葉つき)2株、昆布だし1カップ(200㎖)
**a** みそ大さじ1、しょうゆ・甜菜糖各小さじ1、みりん小さじ2

作り方
1. 高野豆腐はP130同様に戻して水気をきり、半分の厚さに切ってから1cm幅に切る。
2. かぶはくし形、葉の部分はざく切りにする。
3. 鍋に昆布だしを入れて煮立て1と2のかぶを煮、かぶがやわらかくなったら2の葉の部分、**a**を加え、5分ほど煮る。

## 高野豆腐の煮物
干ししいたけの戻し汁をたっぷり含ませて

**エネルギー 135kcal**

材料(2人分)
高野豆腐(乾燥)2枚、にんじん1/4本、干ししいたけ(乾燥)4枚、さやいんげん4本　**a** しょうゆ大さじ1、甜菜糖小さじ1

作り方
1. 高野豆腐はP130同様に戻して水気をきり、半分に切る。
2. にんじんは乱切り、干ししいたけは水に浸して戻す。戻し汁は2カップ残しておく。さやいんげんは塩ゆでする。
3. 鍋に2の戻し汁を煮立て、2のにんじん、干ししいたけを入れて煮る。
4. にんじんがやわらかくなったら1と**a**を加えて煮汁が少なくなるまで煮、斜め切りにした2のさやいんげんを添える。

## 高野豆腐とそら豆のごまあえ
旬のそら豆が出回ったら、ぜひ挑戦を!

**エネルギー 299kcal**

材料(2人分)
高野豆腐(乾燥)2枚
**a** 昆布だし1カップ(200㎖)、しょうゆ小さじ1
そら豆(さやから出したもの)100g、にんじん20g、さやいんげん5本
**b** しょうゆ大さじ1、ごま油・白すりごま・しょうがの絞り汁各小さじ2

作り方
1. 高野豆腐はP130同様に戻して水気をきり、半分の厚さに切ってから5mm幅に切る。**a**を煮立てさっと煮ておく。
2. そら豆はゆで、薄皮をむく。にんじんは細切り、さやいんげんは斜め切りにし、さっとゆでる。
3. **b**を混ぜ合わせ、1と2をあえる。

# 白身魚

マクロビオティックで唯一食べてもいい動物性食品の白身魚。週に2回程度を目安に、調理法を工夫して取り入れていきましょう。

## 揚げ魚の甘酢あんがけ
### 野菜たっぷりの甘酢あんでボリュームアップ

エネルギー 194kcal

**白身魚**（詳しくはP149）
たらやひらめのような白身魚を中心に。近海で採れる新鮮なものを選びましょう。

**材料（2人分）**
白身魚（たらなど）2切れ、塩少々、全粒粉・コーン油各適量、にんじん20ｇ、玉ねぎ1/4個、しいたけ2枚、さやえんどう6枚、昆布だし1カップ（200mℓ）
a［酢大さじ3、しょうゆ大さじ1 1/2、酒大さじ1、甜菜糖小さじ2］
くず粉適量

**作り方**
1. 白身魚は食べやすい大きさに切り、塩をふり全粒粉をまぶす。
2. 170℃に熱したコーン油で1をカラッと揚げる。
3. にんじんはいちょう切り、玉ねぎは1.5cm角、しいたけは4等分に、さやえんどうは筋を取って斜め半分に切る。
4. 鍋に昆布だしを煮立て、3を加えて煮る。
5. 4にaを加えて、水で溶いたくず粉を加えてとろみをつける。
4. 器に2を盛り、5をかける。

素材別玄米菜食応用レシピ

白身魚

揚げ魚の甘酢あんかけ、白身魚のムニエル 枝豆ソース、鯛の潮汁、白身魚の香り煮

## 白身魚のムニエル 枝豆ソース
夏に食べたい洋風おかず

`エネルギー 248kcal`

材料(2人分)
白身魚(すずきなど)2切れ、塩少々、コーン油小さじ2、枝豆(さやつき)150ｇ、全粒粉・国産レモン・ラディッシュ各適量
**a** 豆乳70㎖、塩小さじ1/4

作り方
1. 白身魚に塩をふり、全粒粉をまぶしてからコーン油を熱したフライパンで表面をカリッと焼き、蓋をして中まで火を通す。
2. 枝豆は塩ゆでし、ザルにあげてさやから出す。
3. **2**と**a**をミキサーにかけてなめらかにし、鍋に移して温める。
4. 器に**1**を盛り、**3**をかけ、レモン、ラディッシュを添える。

## 鯛の潮汁
旨みたっぷりのシンプル汁物

`エネルギー 115kcal`

材料(2人分)
鯛切り身100ｇ、昆布だし2カップ(400㎖)
**a** 塩小さじ1/2、しょうゆ少々
木の芽適量、ゆずの皮適量

作り方
1. 鯛は切り込みを入れる。
2. 鍋に昆布だしを入れて煮立たせ、**1**を加える。
3. 鯛に火が通ったら**a**を加えて味をととのえる。
4. 器に**3**を盛り、木の芽、ゆずの皮のせん切りを添える。

## 白身魚の香り煮
香味野菜たっぷりの食欲をそそる一品

`エネルギー 177kcal`

材料(2人分)
白身魚(たらなど)2切れ、しょうが・にんにく各1片、長ねぎ1本
**a** 昆布だし1カップ(200㎖)、みそ・しょうゆ各大さじ1/2、甜菜糖小さじ2
白すりごま大さじ1、三つ葉1/2束

作り方
1. しょうが、にんにく、長ねぎはみじん切りにする。
2. 鍋に**a**を煮立て、白身魚と**1**を入れて落とし蓋をし、15分ほど煮る。
3. 器に**2**を盛り、白すりごまをふりかけ、ざく切りにした三つ葉を添える。

# デザート

砂糖・乳製品・卵を使わないヘルシーおやつ

## 愛玉子風寒天ゼリー
**台湾の果実のデザート風**

エネルギー 91kcal

材料(2人分)
棒寒天1/4本
a [水2カップ(400㎖)、しょうがの絞り汁大さじ2、甜菜糖大さじ6
しょうゆ少々
b [国産レモンの絞り汁大さじ2、甜菜糖小さじ2
国産レモン、くこの実適量

作り方
1. 寒天は手でちぎって水に浸して戻し、水気を絞る。
2. 鍋に**a**を煮立て、**1**を加えてしっかり煮溶かし、しょうゆを色づけ程度に加える。
3. **2**を型に流し入れて冷蔵庫で冷やし固める。
4. **b**を鍋に入れて温めながら甜菜糖を溶かし、粗熱をとってから冷蔵庫で冷やす。
5. 器に**3**を盛り、**4**をかけ、いちょう切りにしたレモン、くこの実を添える。

## 黒豆ムース
**まろやかでほどよい甘みのデザート**

エネルギー 196kcal

材料(2人分)
黒豆30g、水2カップ(400ml)
a ［米水飴30g、甜菜糖大さじ3、しょうゆ小さじ1、塩少々］
棒寒天1/6本、豆乳1カップ(200ml)

作り方
1. 黒豆は虫食いや割れているものを取り除き、よく洗う。
2. 鍋に分量の水を入れて火にかけ、ひと煮立ちしたら火を止めて **a** を加えてよく混ぜる。
3. 2に1を加えてひと晩置く。
4. 3を強火にかけ、沸騰したら少量の水(分量外)を加えてアクをていねいに取り除く。落とし蓋をし、ごく弱火で指で豆をつぶせるくらいになるまで5時間ほど煮る。途中、煮汁が少なくなったら少量の水(分量外)を足し、常に豆がひたひたの状態でいるようにする。
5. 寒天は手でちぎって水に浸して戻してから水気を絞る。
6. 鍋に豆乳を入れて温め、5を加えて溶かす。
7. 汁気をきった4、6を合わせてなめらかになるまでミキサーにかけ、型に流し入れて冷蔵庫で冷やし固め、飾り用の黒豆を添える。

## かぼちゃの茶巾あずきかけ

あずきあんはまとめて作って保存もおすすめ

**エネルギー 120kcal**

材料(2人分)
かぼちゃ1/8個、甜菜糖小さじ2、塩少々
◆あずきあん
あずき30g、甜菜糖大さじ3

作り方

**1.** あずきは洗い、鍋に入れて水適量を加えて火にかけ、煮立ったら一度ザルにあげて水気をきる。再び鍋に入れてかぶるくらいの水を加え強火にかけ、煮立ったら弱火にしてやわらかくなるまで煮、甜菜糖を加えてさらに煮詰める。

**2.** かぼちゃは種を取り除いて乱切りにし、鍋に入れて水をはり、火にかけてやわらかくなるまでゆでる。

**3.** 2をザルにあげて水気をきり、熱いうちによくつぶし、甜菜糖を加えて混ぜ合わせる。

**4.** 3を適量ラップで包み、茶巾にする。

**5.** 4のラップをはずして器に盛り、1を添える。

## ぶどうの白あえ
**豆腐とフルーツの意外な組み合わせ**

エネルギー 129kcal

材料（2人分）
木綿豆腐1/4丁
a｜白練りごま・国産レモンの絞り汁各小さじ2、
　｜塩少々
ぶどう100g

作り方
1. 木綿豆腐はしっかり水きりをして裏ごしする。
2. 1をフードプロセッサーにかけてなめらかにし、aを加えてさらに混ぜ合わせる。
3. ぶどうは皮をむき、種を取り除く。
4. 3を2であえて器に盛る。

### 白あえに合う果物って？

デザートに白あえ？というと意外かもしれませんが、フルーツの甘みと酸味は、豆腐によく合います。まろやかな豆腐の衣との組み合わせはぜひ、試して欲しいと思います。糖度の高いももや、ぶどう、シロップ煮したりんご、なしなどがおすすめです。

## りんごのコンポート
**本当に簡単！旬の時期にまとめて作っても**

エネルギー 139kcal

材料（2人分）
りんご1個
a｜水・りんご果汁各1/2カップ（100㎖）、甜菜糖
　｜大さじ2、シナモン1本

作り方
1. りんごは半分に切って芯をくり抜く。
2. 鍋に1、aを入れて蓋をし、弱火でじっくりと汁気がなくなるまで煮る。

＊アツアツでも、冷蔵庫で冷やしてもおいしくいただけます。

### コンポートに合う果物って？

コンポートとは、果物のシロップ煮のこと。マクロビオティックでは、上白糖ではなく、甜菜糖とその果物の果汁で煮るとおいしく仕上がります。国産のなし、洋なし、もも、杏などがよく合います。

---

素材別玄米菜食応用レシピ

デザート

かぼちゃの茶巾 あずきかけ、ぶどうの白あえ、りんごのコンポート

## ソフトかりんとう3種
ふんわり甘いお茶菓子です

エネルギー 656kcal

材料(2人分)
大豆50g、玄米粉60g
**a** オートミール・全粒粉各30g
**b** そば粉・全粒粉各30g
**c** 豆乳・水各大さじ3、ごま油大さじ1、塩少々
全粒粉(打ち粉用)・コーン油各適量
**d** 水大さじ3、甜菜糖80g

作り方

**1.** 大豆はP124同様やわらかくなるまでゆでる。ザルにあげて水気をきり、ミキサーにかけて3等分にする。

**2.** ボウルを3つ用意し、1/3量の**1**と玄米粉、1/3量の**1**と**a**、1/3量の**1**と**b**をそれぞれ入れて混ぜる。

**3. c**は3等分にして**2**のそれぞれに加えて練り合わせ、ラップをかけて冷蔵庫で30分ほどねかす。

**4. 3**に全粒粉で打ち粉をしながらそれぞれ5mm厚さにのばし、スティック状に切り、軽くねじる。

**5.** 170℃に熱したコーン油で**4**をカラッと揚げる。

**6.** 鍋に**d**を入れて火にかけ、泡立ちながら半分量になるまで煮詰める。

**7. 5**を**6**に絡め、クッキングシートを敷いたバットに広げて冷ます。

# マクロビオティックおすすめ！市販のおやつ

昔ながらの製法で天然素材から作られたおやつは体も心も大満足のはず！
白砂糖や卵、乳製品などを一切使用しないので
自然の甘み、やさしい風味、素材ならではの味が楽しめます。

### 塩南京豆 塩南京
(有)光和堂／140g
動脈硬化予防のはたらきのあるオレイン酸やリノール酸を多く含みます。また、茶色の薄皮にはビタミンB2が多く含まれ、一緒に食べると抗酸化力がアップ。

### むき栗 むき甘栗
日本レトルトフーズ(株)／100g
栗には加熱に強いビタミンCも含まれ、美肌効果やかぜ予防にも効果的です。写真は有機栽培された栗を時間をかけて石焼きにし、手作業で皮をむいたもの。

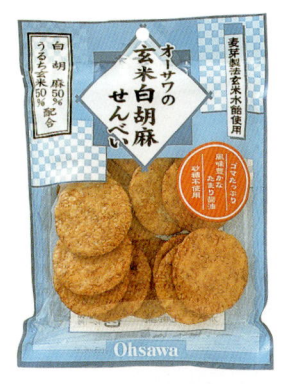

### 玄米せんべい 玄米白胡麻せんべい
株式会社リマ・コーポレーション／60g
玄米から作られているので、噛めば噛むほど、深い味わいのおせんべい。できれば天然原料を使用し、昔ながらの製法で作られたものを選ぶようにしましょう。

## 市販のおやつ

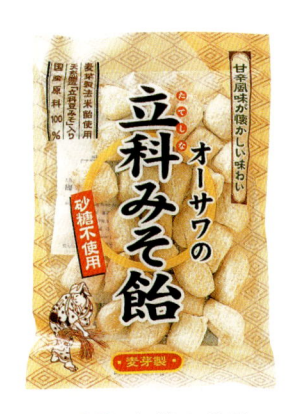

### みそ飴 立科みそ飴
株式会社リマ・コーポレーション／120g
甘辛い風味の昔なつかしい駄菓子を思い出させる味です。写真は砂糖を使用せず、もち米を麦芽糖化させてできた米あめに立科の豆みそを加えて作られた飴です。

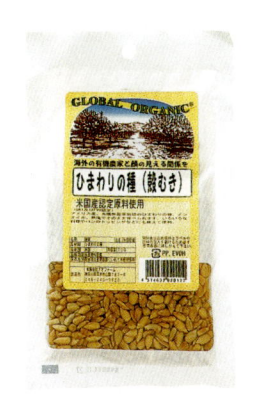

### ひまわりの種 ひまわりの種(殻むき)
有限会社ネオファーム／70g
リノール酸やビタミンEが豊富で美肌効果や更年期障害の改善にも役立つ女性の強い味方です。写真の商品はノンオイル、無塩で体にやさしい。

### 南部せんべい 南部せんべい(ごま)
岩手阿部製粉(株)／10枚
岩手、青森両県にまたがる南部地方の銘菓。小麦粉を練って独特な形の型に入れて丸く焼いたお菓子で、写真のごまの他にもピーナッツなどがあります。

## 飲み物

マクロビオティックでは、身体にやさしく負担をかけない飲み物をすすめています。ノンカフェイン、無農薬のものを選ぶようにしましょう。

# 三年番茶

玄米菜食には陽性、陰性に偏らない中庸の三年番茶がよく合います。身体を冷やさず、胃にもやさしいお茶なので、普段の飲み物におすすめです。

### 入れ方&バリエーション

湯を沸かし、茶葉を入れて弱火にし、10〜20分ほど煮出します。分量や煮出し時間に関しては、パッケージを参照するか、お好みに合わせて調整しましょう。

#### 梅醤番茶
**胃の調子の悪いときに。血液サラサラ効果も期待できます。**
梅干し1個は種を取ってほぐし、皮ごとすりおろしたしょうが小さじ1、しょうゆ小さじ1を合わせてよく練り合わせ、その上に熱い三年番茶を注ぐ。

#### 第一大根湯
**熱のある風邪に効果絶大！**
大根おろし大さじ3を丼に入れ、皮ごとすりおろしたしょうが小さじ1、しょうゆ大さじ1を加え、熱い三年番茶を注ぐ。

### 三年番茶
株式会社リマ・コーポレーション／130g

新芽ではなく、三年以上成熟したお茶の葉と茎を使用。そのため、カフェインなどもほとんど抜けてしまいます。すんなりと飲める上品な味。玄米菜食におすすめのお茶です。

### 玄米茶
無農薬茶の会／200g

炒った玄米を混ぜているのでさらに香ばしい香り豊かなお茶。タンニン、カフェインも少ないのが特徴です。無農薬だから、身体にやさしい。

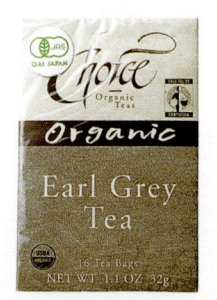

### オーガニック紅茶 GRANUM アールグレイティー
輸入：株式会社ミトク／32g(16袋入り)

茶葉を完全に発酵させて作られた紅茶。輸入品が多く出回っていますが、できれば有機栽培されたものを選びましょう。

# マクロビオティックおすすめ！

## コーヒー風ノンカフェイン飲料

マクロビオティックでは、刺激が強いカフェインなどはなるべく避けることが基本。
コーヒーが好きな方は穀物やたんぽぽを原料としているコーヒー風ノンカフェイン飲料がおすすめです。

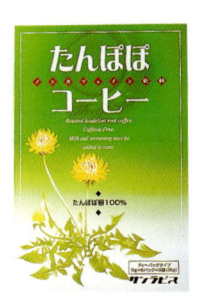

### たんぽぽコーヒー
有限会社サンラピス／3g×5パック×6袋（90g）
たんぽぽの根から作られたコーヒー風ノンカフェイン飲料。利尿作用があり、冷え性の人にもおすすめです。

### PIONIER 穀物コーヒー
／125g
ビタミンやミネラル豊富なライ麦や大麦等の穀物、いちじく、チコリなどをブレンドして作った健康飲料です。

### ブラックジンガー 黒大豆香琲
株式会社シガリオ／60g（2g×30袋）
黒大豆を長時間焙煎して冷却後、微粉末にしたもの。飲料として、ヨーグルトやアイスクリームなどに混ぜても。

### 入れ方＆バリエーション

粉末タイプ、ティーパックタイプが多く、インスタントで手軽に飲めます。熱湯を注ぎ、お好みの濃さでいただきます。

#### パンやクッキーに混ぜて
粉末ですぐに溶けるコーヒー風ノンカフェイン飲料（特に穀物コーヒーなど）は、パンやクッキーの生地に混ぜる。

#### 豆乳で作ったデザートに
豆乳で作ったババロアや、プリン、ブラマンジェにふりかけて、混ぜ合わせる。

## そこが知りたい！
## マクロビオティック
### 〔番外編〕

**コーヒーは豆から抽出されたものですが、
マクロ的には飲んでもかまいませんか？
（嗜好飲料についても教えてください）**

刺激性や芳香性の強い飲み物は制限し、常用しないようにしましょう。コーヒーはカフェイン量が多いことから避けるべき食品となります。紅茶もコーラも同様です。マクロビオティックでは穀物コーヒーを飲用します。清涼飲料やジュース類は、その中に含まれる砂糖と添加物が問題です。

**外食のとき、例えば、
居酒屋でどんなメニューを選ぶのが、
マクロ的にはいいのですか？**

全粒穀物、野菜、漬け物、豆類、海藻を中心としているマクロビオティックですから、その範囲から作られていると思われる物を中心に選んでください。

**スーパーモデルも実践しているようですが、
どのくらいで効果があらわれ始めるのですか？**

基本的には体重の多い人は減り、少ない人はその人に合った適正体重になることがマクロビオティックの食事です。玄米食はよく噛むこと(30〜50回)を大切にしていますので、食事満足度が高く、知らない間に摂取量が減少して体重ダウンにつながります。

**胃腸が弱いのですが、
あまり消化のよくない玄米ばかり食べていても、
負担にはならないでしょうか？**

玄米がゆにしたり、少しやわらかく炊いて1回量を加減し、よく噛んで召し上がるようにしてください。あせらず気長に少しずつ、ご自分の体調をみながら、すすめるようにしましょう。

# マクロビオティック
# おすすめ
# 食材&調味料

玄米／穀類／粉・粉製品／豆類／豆製品／魚類／野菜類／
乾物／海藻類／その他の食材／調味料

> 玄米も白米同様に産地、銘柄などいろいろな種類が出回っています。それぞれ味も違うので、いろいろ試して口にあうものを見つけてみて。いずれにせよ、無農薬、有機栽培のものを選び、新鮮なうちに使い切ることが基本！

# 玄米

## 発芽玄米

**ドーマー株式会社／600g（120g×5袋）**
発芽させた後、アルファー化処理をしているので水洗いした後、浸水しなくてもすぐにふつうの炊飯器で炊くことができます。ほのかな甘み、適度な歯ごたえが特徴。

## 籾発芽玄米 芽吹き小町（有機栽培米）

**株式会社アイリッツ／1kg**
無農薬、有機栽培された秋田県産のあきたこまちを100％使用。香りがよく、甘みがあって歯ごたえももちもち、白米よりもおいしい発芽玄米です。

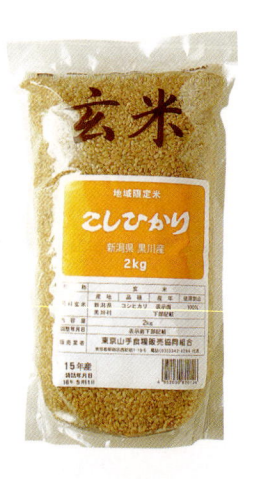

## 玄米こしひかり

**東京山手食糧販売協同組合／2kg**
新潟県黒川産のこしひかりを100％使用した地域限定の玄米。スーパーなどに備え付けてある精米機でお好みの分づきにつくこともできます。再封できる袋に入っていて便利。※首都圏で販売。

## ふつうに炊ける玄米

**越後製菓株式会社／500g**
現在使っている炊飯器でふつうに炊ける玄米です。水加減や炊き方も白米と同じで手軽に使えるのがポイントです。新潟県産コシヒカリを使用。

## レトルト玄米2種

常温で保存できるので、旅先や時間がないときにも手軽で便利。熱湯で湯煎するだけ、または別容器に移して電子レンジでチンするだけでふっくらほかほか玄米ごはんのできあがり。

### 活性発芽玄米ごはん

**株式会社リマ・コーポレーション／160g**
有機JAS認定玄米100％使用。保存料や酸味料等一切無添加。常温保存も可能で携帯食、非常食にも。

### 玄米ごはん

**コジマフーズ株式会社／160g**
有機JAS認定玄米100％使用。ふっくらとした絶妙の炊き加減と、噛むほどに味わい深い玄米本来のうまみが評判。

# 穀類

マクロビオティック おすすめ食材＆調味料 ■玄米／穀類

食物繊維、ビタミンB群、ミネラルが豊富なものが多く、日本では昔から親しまれてきた食材です。一種類だけでなく、お好みで何種類か組み合わせて使っても。丸ごと食べる穀類も国産の無農薬栽培されたものを選ぶことがポイントです。

## きび　素食生活 まぜ炊ききび
**株式会社ライスアイランド／100g**
たんぱく質、ビタミンB群、食物繊維が豊富な穀物で、炊きあがるとほのかに甘みがあります。もちきびとうるちきびの2種類があります。

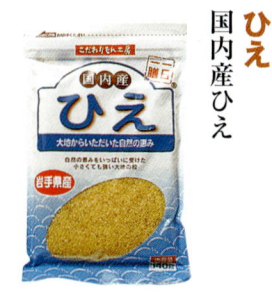

## ひえ　国内産ひえ
**ベストアメニティ株式会社／140g**
淡泊でふんわりやさしい風味。栄養バランスも優れています。お米といっしょに炊くだけでなく、ひえ餅やお菓子の材料、コロッケやサラダなどのお料理にも。

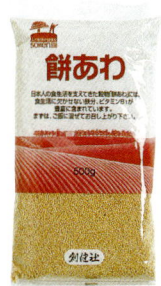

## あわ　餅あわ
**株式会社創健社／500g**
ようかんなどのお菓子に使われることが多い五穀のひとつ。お米と一緒に炊くとふわふわと軽い食感が楽しめます。もちあわとうるちあわがあり、写真はもちあわ。

## そばの実　実そば
**株式会社リマ・コーポレーション／250g**
そばの種子の殻を除いただけの生の皮つきそばの実。ルチンをはじめ、栄養も豊富で使いやすいことが特徴。食感は粘り気がなくさらっとしているので雑炊にぴったり。

## 赤米　古代赤米
**(有)古代米浦部農園／80g**
縄文時代に日本に伝わったお赤飯のルーツといわれるお米。ぬか層に赤色系色素を含んでいます。粘り気の少ないでんぷんを多く含むのでやや固めなのが特徴。

## 黒米　黒米
**濱田産業株式会社／300g**
ぬか層に黒い色素、ポリフェノールを含む米です。ビタミンB1、鉄、マグネシウムなどが白米の約2〜3倍。粘り気が多く、玄米に混ぜて炊くとほどよくもっちり。

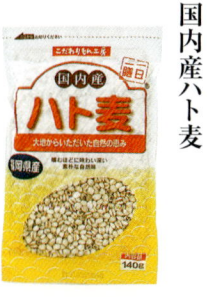

## はと麦　国内産ハト麦
**ベストアメニティ株式会社／140g**
麦と名がつくのですが実はイネ科の植物で、はと麦茶の原料。プチプチとした食感がくせになるおいしさです。穀物のなかでもアミノ酸が最も良質でミネラルも豊富。

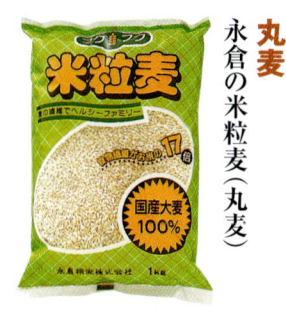

## 丸麦　永倉の米粒麦(丸麦)
**永倉精麦株式会社／1kg**
大麦を精麦して胚乳だけの粒にし、消化をよくするために縦に割ったもの。カルシウムや食物繊維が豊富で便秘予防や食欲増進に効果があります。

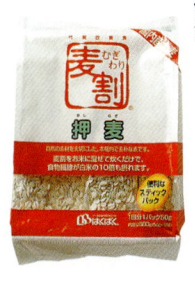

## 押麦　押麦
**株式会社はくばく／600g(50g×12袋)**
大麦を精麦後、加熱してローラーで圧縮し、食べやすくしたもの。白米に比べてカルシウムは3倍近く、食物繊維はなんと約18倍!!　米に対して2割を目安に。

# 粉・粉製品

粉類や麺類はポストハーベスト（収穫後に農産物に農薬をまくこと。日本では未認可）の心配のない国産小麦100％の全粒粉、またはそれを原料としたものを。また、その他の粉類も国産の無農薬栽培されたものを選ぶようにしましょう。

## そば粉 蕎麦粉

全粉商事株式会社／300g

粒そばの殻を除き、まるごとひいたそば粉。おそばはもちろん、そばがきにしたり、クレープにしてもおいしい。ルチンが多く含まれ、血液サラサラ効果も！

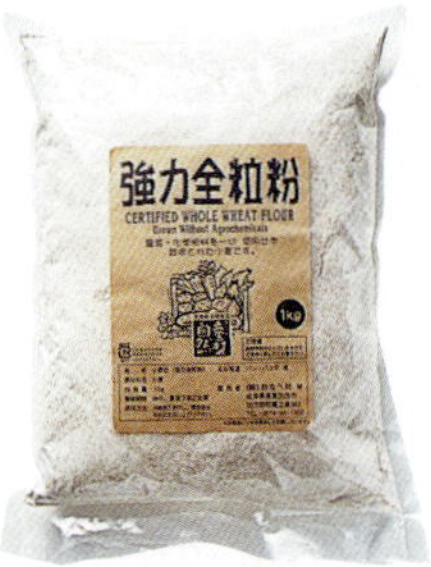

## 強力全粒粉 強力全粒粉

（株）わらべ村／1kg

粗挽きの強力全粒粉は薄力全粒粉に比べてたんぱく質が多いので、グルテンが出て、粘りのある生地になります。パンやうどんづくりに向いています。

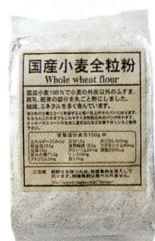

## 全粒粉 国産小麦全粒粉

有限会社パイオニア企画／500g

小麦のふすま、胚乳、胚芽もまるごと粉にしているので、食物繊維、ミネラルを多く含んでいます。揚げ物の衣にするとひと味ちがった風味が楽しめます。

## くず粉 吉野本葛

（株）坂利製麺所／100g

くずの根からとれるでんぷん。和菓子、ごま豆腐などによく使われますがマクロビオティックではとろみをつけるときに大活躍。よく水を吸わせてから使うのがポイント！

## オートミール オートミール

日本食品製造合資会社／300g

えんばく（オーツ麦）を原料とし、食物繊維は玄米の約3倍も含まれています。消化吸収がよく、朝食や離乳食にも最適。写真は添加物等を一切含まないもの。

## パン粉 天然酵母パン粉

株式会社リマ・コーポレーション／150g

揚げ物の衣に使うとサクサクっとした食感。奥深い味がやみつきになりそう。手に入らない場合は2〜3日経った天然酵母のパンをおろし器でおろしてもいい。

## 全粒粉パスタ オーガニックスパゲッティ

輸入：株式会社ミトク／500g

有機栽培されたセモリナ小麦やデュラム小麦が原料。小麦を精白せずにイタリアの伝統的手法で作られているものがおすすめです。

## 全粒粉うどん 干うどん

株式会社ビオ・マーケット／250g

粉を除いた小麦を製粉した全粒粉を原料としているので、ビタミン、ミネラルが豊富。農薬、化学肥料を使用しない国産小麦、天然塩を原料とするものを選んで。

## 全粒粉そば 葉山全粒粉そば

有限会社松田製麺所／1把270g

殻を除いてまるごとひいたそば粉を使うので噛むほどにそば本来のうまみが引き出されます。写真は小麦粉を加えたちょっと太めの田舎風のコシの強いタイプ。

# 豆類

水に浸けたり、ゆでたりする手間のいらない水煮缶がだんぜん手軽！ と思いがちですが、長期保存のための保存料なども多く含まれているので、無農薬、有機栽培された乾燥の豆を使いましょう。おかずはもちろん、お菓子に入れても。

## ひよこ豆 ガルバンゾー
有限会社ネオファーム／120g
別名ひよこ豆とも呼ばれ、ほくほくした淡泊なくせのない味とちょっと土臭い香りが特徴。高血圧予防や疲労回復などの効果があります。煮込み料理やサラダなどに。

## 小豆 大納言
カドヤ株式会社／300g
東アジアだけで栽培されている豆。日本では赤飯やおはぎなど祝い事や行事食によく使われます。疲労を解消し、利尿作用でむくみを防止するはたらきがあります。

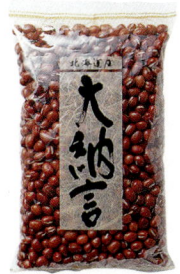

## 大豆 有機栽培大豆
(株)山本貢資商店／200g
『畑の肉』と呼ばれるほど、良質のたんぱく質を多く含みます。他にも食物繊維やビタミンB1を多く含み、玄米と一緒に食べることでさらに栄養バランスアップ。

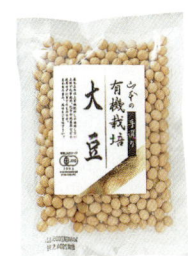

## 黒豆 光黒大豆
カドヤ株式会社／300g
大豆の一種で正式には黒大豆。大豆よりちょっと甘みがあるのが特徴です。種皮の黒にはアントシアニンという抗酸化成分が含まれています。

## 金時豆 有機栽培 天正金時豆
(有)箱根牧場／300g
いんげん豆の一種で赤色が大正金時、白は白金時。皮がやわらかいので煮豆や甘納豆の他に、白あんなどの和菓子の材料にも幅広く活用できる豆です。

## 花豆 有機栽培 紫花豆
(有)箱根牧場／300g
別名べにばないんげんと呼ばれ、豆類の中ではかなり大きめ。白花豆と紫花豆の2種類があります。ほくほくした食感なので、煮豆や甘納豆などに向きます。

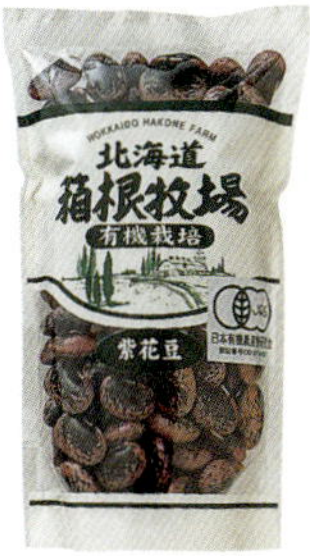

## 白いんげん 白いんげん
(有)ケンコウ／200g
いんげん豆の一種。煮ると表皮がやわらかくなるので、煮豆にぴったり！ 和食ではきんとんや白あんなどの甘味に、洋食では煮込み料理など塩味で調理されます。

## レンズ豆 有機茶レンズ豆
アリサン有限会社(テングナチュラルフーズ)／1kg
浸水の必要がなく、そのまま洗って使えるので手軽で便利！ たんぱく質や鉄、亜鉛などのミネラルも比較的多く含まれるのが特徴です。

### ほかにもこんな豆類がおすすめ！
乾燥豆には、いろいろな種類があります。紹介しているもののほかに、いんげん豆の種類で大福豆やうずら豆、虎豆などもおすすめです。また、青エンドウの塩ゆでしたものや、そら豆などもおやつとして最適です。

> 現在、大豆の自給率はとても低く、その多くをアメリカや中国などからの輸入に頼っているのが現状です。国産の遺伝子組み換えでない大豆、天然のにがりや食塩だけを原料とするものを選ぶようにしましょう。

# 豆製品

## ゆば　くみあげゆば
**千丸屋京湯葉株式会社／150g**
濃いめの豆乳を加熱して表面にできた膜をすくい上げたものが生ゆば。写真は最初に張りかけた膜を細い竹串で何回もくみあげた最高級のもの。

## おから　うの花
**マルカワ食品株式会社／250g**
豆腐の製造過程でゆでた大豆を搾ったときに残るかすで大豆製品の中ではカロリーが低め。また、食物繊維が比較的多く含まれています。

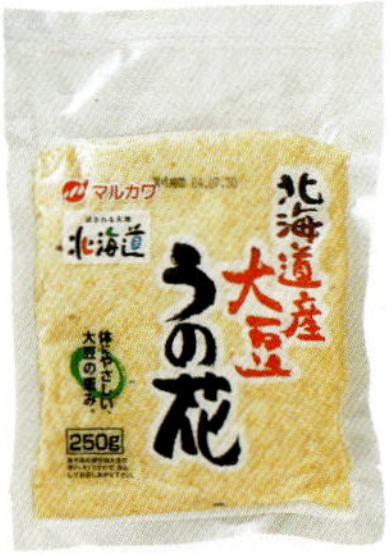

## 豆腐　日本の豆腐くりはら　木綿
**(有)栗原商店／400g**
豆乳をにがりで固めた高たんぱく、低カロリーのヘルシー食材。大豆と比べて消化がいいのが特徴です。絹よりカルシウムなどが多い木綿を選ぶようにしましょう。

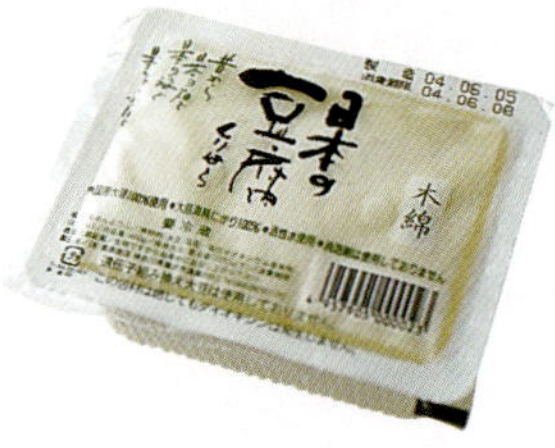

## 豆乳　有機豆乳無調整
**マルサンアイ株式会社／1000ml**
大豆由来のたんぱく質、イソフラボン、鉄分を含んだ体にやさしいバランスのとれた植物性飲料です。無調整のものを選んで。写真は有機大豆のみを使用。

## 厚揚げ　厚あげ
**(有)豆庵／1個入り**
木綿豆腐を厚めに切って油で揚げたもので、別名生揚げとも呼びます。炒めたり、焼いたりしても豆腐のうまみが逃げないのでいろいろな料理に活用できます。

## 油揚げ　ふくゆたか　油あげ
**泉食品株式会社／2枚入**
豆腐を薄切りにして水気をきり、油で揚げたもの。別名うす揚げ。たんぱく質、カルシウム、鉄などが豊富に含まれます。使う前には油抜きを忘れずに！

## 高野豆腐　こうや豆腐
**羽二重豆腐株式会社／82.5g**
豆腐を凍結乾燥させたもの。カルシウム、マグネシウム、鉄などのミネラルを豊富に含むのですが、ビタミン類が少なめなので、野菜と組み合わせましょう。

## 納豆　保谷有機小粒　カップ3P
**株式会社保谷納豆／35g×3**
蒸した大豆に納豆菌を加えて発酵させたもの。ナットウキナーゼという酵素を含んでおり、脳梗塞や心筋梗塞を予防するはたらきがあります。

---

**ほかにもこんな豆製品がおすすめ！**

豆製品は料理にも取り入れやすく、良質たんぱく質を含む食材。ほかには、がんもどきやきな粉などもおすすめです。ちなみに調味料として紹介しているみそも豆製品。みそ汁は毎食取り入れたいものですね。

# 魚類

基本的に動物性のたんぱく質はとらない方がいいのですが、たまには献立に取り入れて変化をつけましょう。全般的に脂肪分が少なく消化吸収のいい旬の白身魚を選んで。種類も豊富で香りや味にくせがないので調理方法もさまざまです。

## かれい

高たんぱく、低カロリーで淡泊な味の白身魚です。うす造り、煮付け、揚げ物、蒸し物の他、ムニエルなどにするとおいしい。目が右側に寄っているので、頭を右側にして盛りつけましょう。旬は西日本では6〜9月。東日本では冬。

## たら

一般的にたらというと写真の真だらのこと。身がやわらかく、淡泊なのが特徴です。また、高たんぱく低脂肪なので肥満や心臓病、糖尿病の人にもおすすめ。旬は1〜2月で、切り身は身に透明感のあるものを選ぶようにしましょう。

## かます

淡泊な味でやや水っぽいので煮物より焼き物、揚げ物などに向いています。生を塩焼きにするときには、塩をふってしばらくおき、身をしめてから焼くといいでしょう。旬は秋から冬。写真は生ですが、水っぽいため、一般的には干物の方が多く出回っています。

## ひらめ

鯛にも並ぶ高級魚でくせのない上品なうまみがあります。下身より皮のついている上身の方が味が美味。特にえんがわはコリコリしていておいしい上に、コラーゲンもたっぷり！旬は秋から冬でこの時期のひらめは身がひきしまって最高です。

## ます

鮭科の魚で鮭よりも脂が少なく、白身に近い味わいがあるのが特徴。単にますというとさくらますや樺太ますを指しますが、いわなや写真のにじますなども仲間です。塩焼きの他、ムニエル、フライなど幅広く用いられます。

## ししゃも

国産のものは少なく、市販されているほとんどが樺太ししゃもの輸入品で生干しが中心です。そのまま頭やわたも食べられるのでカルシウムが豊富！その他にもビタミンB2を多く含みます。脂肪の量が多いので塩焼き、揚げ物に。

# 野菜類

野菜はアクも皮もいっしょに食べるので、無農薬栽培されたものであることが鉄則！ また、旬の野菜は時期はずれものに比べて味も香りも格別です。それぞれの旬と新鮮なものの選び方をマスターしておいしく野菜を食べましょう。

## 長ねぎ

白と緑の部分のさかいめがはっきりとしていて、白い部分に光沢と弾力があるものが新鮮なしるし！ 緑の部分にカロテンやビタミンCが比較的多く含まれるので捨てずに使いましょう。

## れんこん

でんぷんを多く含むので、加熱するとシャキッとした歯ごたえにもっちり感が加わります。またビタミンCも多く含むのでかぜの予防や美肌効果も。旬は冬、ふっくらとまるい形のものを選んで。

## かぼちゃ

カロテンやビタミンC、E等が豊富。カロテンは体内でビタミンAに変わり、粘膜などを丈夫にするはたらきがあります。旬は8〜10月、カット売りは種子が詰まっているものを選びましょう。

## ごぼう

食物繊維をたっぷり含んでいるので便秘解消に役立ちます。皮側にうまみがあるので初夏に出回る新ごぼうはたわしでこする程度でOK。晩秋から初冬にかけてが最もおいしい時期です。

## 大根

先の方は辛みが強いので漬け物や大根おろしに、頭の方は甘みがあるので煮物に。また葉にも鉄、カロテン、カルシウムが豊富に含まれているので捨てずに使いましょう！ 旬は冬。

## にんじん

カロテンが豊富で特に皮の近くにたっぷりと含まれます。カロテンは油をいっしょにとると吸収率がアップするので、揚げ物やごまあえなどがおすすめ！ 一年中見かけますが、旬は冬です。

## ブロッコリー

ビタミンCは100gあたり120mg含まれるほど豊富。またカロテンも含まれます。茎の部分に栄養素が集まっているので捨てずに利用しましょう。旬は冬から春先にかけて。

## 小松菜

カロテンなどの各種ビタミンやミネラルを含んでいます。またアクが少ないのも特徴で炒め物や煮物にそのまま使えて便利！ 旬は冬で葉が大きく、色の濃いものを選びましょう。

## かぶ

かぶの葉はカロテンやカルシウムが豊富でカルシウムはほうれん草の数倍含まれています。かぶの根は皮が白くてつやがあり、ひげ根は乾いていないものを選ぶようにしましょう。

# 乾物

長期保存もできて便利な乾物ですが、それゆえに保存料などの添加物を含むものも多くあります。原材料を確認して、安心できるものを選ぶようにしましょう。ナッツ類は外国産でも特にオーガニック栽培されているものを選んで。

## ごま　洗い白ごま
(有)モノドン／50g
栄養価抜群で生活習慣病を予防するだけでなく、女性にはうれしい美肌効果などもあります。特にセサミノールには動脈硬化の進行を抑える効果も。

## 切り干し大根　切干だいこん
カドヤ株式会社／80g
大根は干すことで、甘みと風味が加わり、カリウム、カルシウム、鉄、食物繊維などの栄養価も増します。色の薄いものを選んで。

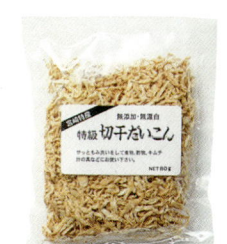

## 干ししいたけ　椎茸中葉
カドヤ株式会社／40g
生のしいたけよりも栄養が多く含まれます。うまみが強く、戻して煮物などに、また戻し汁はだしにも利用できる万能食材。食物繊維が豊富です。

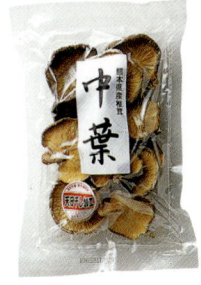

## かぼちゃの種　かぼちゃの種
株式会社創健社／60g
高たんぱくでビタミン類やミネラルも豊富。またコレステロールの上昇を抑える効果もあります。そのままでも、パンや菓子などの生地に混ぜてもOK！

## 麩　くるま麩
(株)加賀麩不室屋／8枚
小麦粉に水を加えてこねるとできるのがグルテン。これを成形して焼いたものが焼き麩です。写真はくるま麩ですが、他にもすだれ麩などがあります。

## 春雨　緑豆春雨
輸入：丸成商事株式会社／100g
緑豆はるさめは緑豆のでんぷんを原料に作られ、長く煮ても溶けにくいのが特徴。マクロビオティックでは、じゃがいもではなく緑豆を原料とする春雨を選んで。

## きくらげ　黒木耳
丸成商事株式会社／20g
耳の形に似ていることから木耳（きくらげ）と呼ばれる食用きのこの一種。独特の歯ごたえが特徴です。鉄分、ビタミンB2が豊富で血液サラサラ効果もあります。

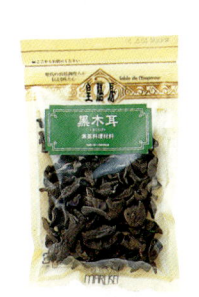

## くるみ　有機ウォールナッツ
輸入：(株)ノヴァ／80g
良質の不飽和脂肪酸、各種ビタミンが含まれ、動脈硬化の予防、疲労回復などの他、美肌効果などもあります。くるみあえにしたりパンに混ぜても。

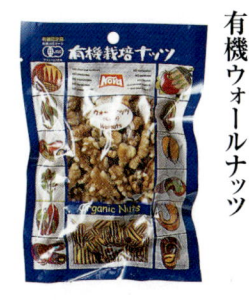

## アーモンド　アーモンドロースト
輸入：有限会社ネオファーム／70g
主成分はオリーブ油などに多く含まれるリノール酸やオレイン酸。また、ビタミンEが豊富で動脈硬化などの予防に効果があります。有機栽培されたものを選んで。

# 海藻類

海藻には野菜だけでは補えないカルシウムやマグネシウム、鉄などのミネラルが豊富に含まれています。日本では古くから親しまれてきた食材のひとつ。栄養たっぷりで低カロリーなので最近では、欧米でもヘルシー食材として注目を集めています。

## もずく　細もずく
彦島吉野水産(有)／1本70g
独特のぬめりがあり、なめらかな舌触り、コリッとした食感が特徴。ぬめりの成分は話題のフコイダン。動脈硬化や高血圧を予防する効果があります。

## のり　焼のり
株式会社浜富海苔／全型10枚
良質のたんぱく質、ビタミン、ミネラルを豊富に含むのですが、一度に少量しか摂れないのでスープや佃煮などに利用するといいでしょう。

## ひじき　特撰寒採志摩ひじき
有限会社ムカイ／60g
カルシウム、鉄、マグネシウムが豊富に含まれ、貧血や骨粗鬆症を防ぐはたらきがあります。つぶのそろったつやのあるものを選ぶようにしましょう!

## ふのり　ふのり
佐藤海草株式会社／8g
強い磯の香りとコリコリとした歯触りが特徴。きれいな赤色でサラダなどの彩りにもなります。乾燥品は水で戻しますが、熱湯に入れると溶けるので注意!

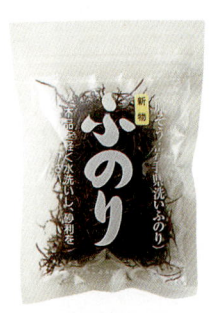

## 昆布　天然真昆布
(有)佐吉／2枚
グルタミン酸が多く含まれ、うまみがあるのでだしには欠かせない食材。だし用なら写真の真昆布や利尻昆布、煮物には日高昆布がおすすめです。

## わかめ　カットわかめ
ヤマナカフーズ株式会社／20g
ぬめり成分のフコイダンやアルギン酸が多く含まれています。新陳代謝を促進し、便秘解消にも効果があり、まさに「海の野菜」です。

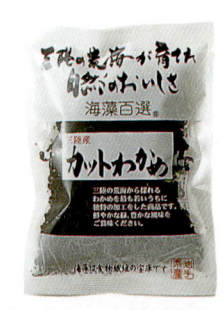

## 青のり　四万十川の青のり粉
(有)加用物産／6g
緑色の海藻の一種で独特の香りが特徴。カルシウムやマグネシウムなどのミネラルを多く含んでいます。粉末のものは、お菓子に使ってもおいしい。

## 切り昆布　日高細切昆布
株式会社奥井海生堂／30g
切り昆布は昆布を四角や細く切ったもののこと。炊き合わせや佃煮、漬け物に。写真の切り昆布は特に細切りなので、すぐに柔らかくなり、調理時間も短縮!

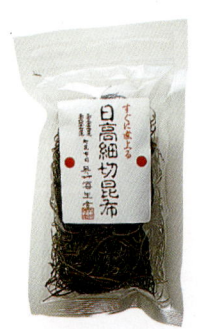

## めかぶ
わかめの根元のほうにあるヒダ状の部分でぬめりが強く、歯ごたえがあるのが特徴。細かく刻むととろろのようになるので、めかぶとろろとも呼ばれています。旬は春から初夏にかけて。

## その他の食材

あまり聞き慣れない名前のものが並び、しかも肉もどきのようなものなどちょっと敬遠してしまいそうですが、食べてみると意外にイケます！自然食品のお店やインターネットなどで入手可能です。

### テンペ
テンペ

(有)マルテー通商／4枚入り

大豆をテンペ菌で発酵させたインドネシアの伝統的な食品。粘り気がなく、淡泊な味が特徴です。消化のいいたんぱく質や食物繊維が豊富で、鉄分やビタミン$B_6$、大豆イソフラボン等が含まれています。炒め物や煮物に加えたり、サンドイッチの具にしたりといろいろな料理に使えます。

### ソーイチーズ
ソイチーズ・モッツアレラ

輸入：アリサン有限会社(テングナチュラルフーズ)／170g

大豆(豆腐)を原料にしたチーズです。牛乳から作られたチーズと同じように加熱するとトロ～リと溶けるので、ピザやグラタンにも。写真はモッツアレラチーズですが、他にもチェダータイプなどがあります。ただし、原材料に乳たんぱくが使われているので常用しないようにしましょう。

## 植物性たんぱく食品

小麦粉のグルテンを昆布だし、天然醸造しょうゆなどで長時間煮詰めたもの。その栄養価は動物性たんぱくに比べても勝るとも劣りません。噛みごたえもあり、肉の代わりに煮込み料理から揚げ物まで幅広く使われており、欧米でも人気の食材です。下の写真のような市販品の他に手作りもできます(P.60参照)。味がついてないタイプもあります。

### 生こうふうしぐれ
有限会社長生堂／160g

### セイタン
株式会社ミトク／230g

# 調味料

値段はちょっと高めですが、本物の調味料を使うことで味付けもシンプル。体の調子を調え、免疫力をアップさせます。昔ながらの方法で天然原料を100％使用し、ていねいにゆっくりとつくられた調味料を選ぶようにしましょう。

## 塩

### 自然海塩 海の精
**海の精株式会社／240g**
伊豆大島で塩田と平釜を使って海水から作られた塩。マグネシウムやカルシウム等のミネラルもバランスよく含まれ、まろやかな味わいです。

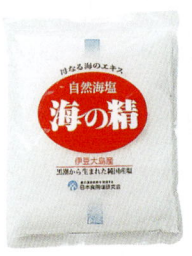

### 天然のしお
**宮武食品／200g**
奥能登の自然の恵みを大切にしたこだわりのお塩。ほのかな甘みやうまみがあり、料理の味をいっそうおいしく引き立ててくれます。

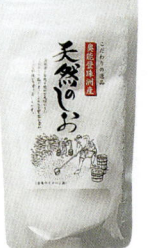

### 太古の海
**ローヤルフーズ(有)／400g**
何億年も前にヒマラヤ山脈の隆起と共にできた塩湖。その海水から作られました。あらゆる素材の持ち味とうまみを引き出してくれます。

## しょうゆ

### 丸中醤油 三年熟成しょうゆ 白ラベル
**丸中醤油株式会社／900ml**
国産無農薬の原料のみを使用し、添加物は使っていません。自然に発酵をまかせた古式天然醸造で3年かけて作られました。

### 有機醤油こいくち
**チョーコー醤油株式会社／500ml**
有機JAS規格の大豆、小麦、米、また塩は天日塩を使用しています。添加物を一切使用せずに長期熟成させました。

### 豆しょう
**株式会社ヤマヒサ／145ml**
登録有形文化財の蔵で昔ながらの製法で造られた醤油に大豆、小麦麹を加え、もう一度、杉の大樽で発酵させた天然醤油です。卓上しょうゆとして。

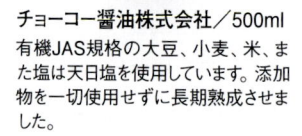

## みそ

### 米みそ こめのみそ
**マルカ味噌株式会社／500g**
大豆を使用せず、米穀を主原料として醸造されたおみそ。食品添加物、酒粕を一切使用していません。大豆アレルギーの方でも安心。

### 豆みそ 傳右衛門（でんえもん）みそ
**合名会社伊藤商店／500g**
厳選した丸大豆を原料に3年間熟成された無添加製品。バランスのととのった深いまろやかなうまみとキレのある味が自慢です。

マクロビオティック おすすめ食材&調味料 ■調味料

**ほかにもこんな調味料がおすすめ！**

ここで紹介しているもののほかに、油ではコーン油もおすすめ。コーン油はとうもろこしの胚芽を絞って作られる植物油。マイルドでクセのない風味が特徴。甘みでは、本みりんもぜひ、使ってほしい調味料です。

## 酢

### 玄米酢　玄米黒酢
江崎酢醸造元／500ml
玄米を原料にしているのでミネラル、ビタミン、アミノ酸が豊富！体の疲れにも効果があります。毎日の食事に取り入れてましょう！

### 梅酢　海の精 紅玉梅酢
海の精株式会社／200ml
さわやかな酸味とまろやかな塩味が特長の梅酢。鮮やかな紅色は赤じその天然色です。調味料としても、みょうがやしょうがを漬けるのにも便利。

## 油

### ごま油　純胡麻油
株式会社正直村／450g
炒ったごまを搾って作られた油でごまの豊かな香りと味が特徴。オレイン酸やリノール酸、老化防止に役立つビタミンEを多く含みます。

### オリーブ油　オーガニック エキストラバージンオリーブオイル
輸入：株式会社ミトク／230g
有機オリーブの一番搾り油のみから作られた油で、香りがよくコクがあるのが特徴。動脈硬化を予防するオレイン酸やリノール酸を多く含むヘルシー油。

### なたね油　国内産・菜たね油（丸缶）
ムソー株式会社／800g
なたねの種子から作られた油で日本の伝統的な油です。最近は輸入品が多く出回っていますが、国内産のものを選ぶようにしましょう。

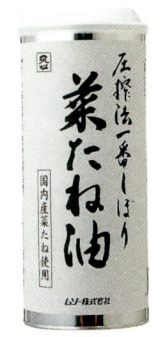

## 甘み

### 米あめ　米水飴
株式会社ミトク／600g
とろ〜り茶色の米あめの原料はもち米と大麦麦芽。くせのない穏やかな甘みとやさしい風味が特徴で体内への吸収も穏やかです。

### メープルシロップ　オーガニックメープルシロップ
輸入：桜井食品株式会社／250ml
かえでの樹液を煮詰めただけのシロップ。ミネラル豊富で低カロリーの体にやさしい甘みです。色の薄いものが上質と言われています。

### 甜菜糖　てんさい糖
ホクレン農業協同組合連合会／750g
さとうだいこん（ビート、甜菜）の根から作られる砂糖。ビフィズス菌を活性化させるオリゴ糖を含み、まろやかな風味が特徴です。

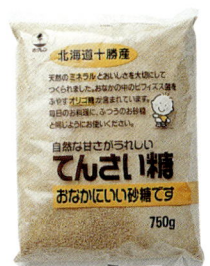

## マクロビオティックおすすめ食材 問い合わせ先一覧

**株式会社正直村**
埼玉県北本市西高尾5-237
☎048-592-2007

**全粉商事株式会社**
東京都中央区日本橋人形町2-7-15
☎03-3667-5138

**千丸屋京湯葉株式会社**
京都市中京区堺町通四条上ル
☎075-221-0555

**株式会社創健社**
神奈川県横浜市神奈川区片倉町2-37-11
☎0120-101702

**チョーコー醤油株式会社**
長崎県長崎市西坂町2-7
☎0120-040-500

**有限会社長生堂**
愛知県小牧市小牧原新田398-4
☎0568-75-9843

**(有)豆庵**
埼玉県児玉市神泉村大字下阿久原955
☎0274-52-7070

**東京山手食糧販売協同組合**
東京都新宿区西新宿1-19-6
☎03-3342-4284

**ドーマー株式会社**
長野県上田市常磐城3-3-19
お客様相談室☎0120-59-4158

**永倉精麦株式会社**
静岡県駿東郡長泉町東野50-18
☎055-986-0230

**日本食品製造合資会社**
北海道札幌市西区八軒一条西1-1-26
☎011-611-0224

**(有)加用物産**
高知県四万十市井沢754
☎0880-35-2380

**(有)栗原商店**
神奈川県藤沢市遠藤2006-3
☎0466-88-5211

**(有)ケンコウ**
東京都調布市深大寺南町4-9-1
☎0120-416-288

**(有)光和堂**
神奈川県秦野市千村2-8-13
☎0463-87-3933

**コジマフーズ株式会社**
愛知県名古屋市南区呼続元町9-27
☎052-823-1622

**(有)古代米浦部農園**
群馬県藤岡市鮎川337
☎0274-23-8770

**(株)坂利製麺所**
奈良県吉野郡東吉野村龍野507
☎0743-67-0129

**(有)佐吉**
北海道札幌市中央区北3条西29
☎011-643-5059

**桜井食品株式会社**
岐阜県美濃加茂市加茂野町鷹之巣343
☎0574-54-2251

**佐藤海草株式会社**
東京都台東区千束2-33-10
☎03-3872-4540

**有限会社サンラピス**
東京都豊島区池袋3-34-3
☎03-5958-7377

**株式会社シガリオ**
東京都港区虎ノ門1-5-8
☎03-5511-8871

**株式会社アイリッツ**
東京都渋谷区元代々木2-11
GSハイム第2代々木公園104
☎03-5738-1280

**アリサン有限会社
(テングナチュラルフーズ)**
埼玉県日高市高麗本郷185-2
☎042-982-4811

**泉食品株式会社**
東京都中野区南台5-27-32
☎03-3384-6991

**合名会社伊藤商店**
愛知県知多郡武豊町字里中54
☎0569-26-1312

**岩手阿部製粉(株)**
岩手県稗貫郡石鳥谷町好地3-85-1
☎0198-45-4880

**海の精株式会社**
東京都新宿区西新宿7-22-9
☎03-3227-5601

**江崎酢醸造元**
福岡県八女市大字豊福212-1
☎0943-23-0552

**越後製菓株式会社**
新潟県長岡市呉服町1-4-5
☎0258-32-2358(代表)

**株式会社奥井海生堂**
福井県敦賀市神楽1-4-10
☎0770-22-0493

**(株)加賀麩不室屋**
石川県金沢市尾張町2-3-1
☎076-222-7000

**カドヤ株式会社**
東京都町田市旭町2-4-16
☎042-723-1752

ムソー株式会社
大阪府大阪市中央区大手通2-2-7
☎06-6945-0511

無農薬茶の会
静岡県藤枝市滝沢3537
☎054-639-0862

(有)モノドン
千葉県市川市南八幡1-19-9
☎047-379-4670

ヤマナカフーズ株式会社
三重県伊勢市村松町3745
☎0596-37-2511

株式会社ヤマヒサ
香川県小豆郡内海町安田甲243
☎0879-82-0442

(株)山本貢資商店 西宮営業所
兵庫県西宮市山口町阪神流通センター1-107-1
☎0120-815-480

株式会社ライスアイランド
東京都千代田区有楽町2-10-1
東京交通会館B1F
☎03-5220-7788

株式会社リマ・コーポレーション
東京都渋谷区大山町11-5
☎0120-328-515

ローヤルフーズ(有)
広島県安芸高田市甲田町高田原1651-2
☎0826-45-4712

(株)わらべ村
岐阜県美濃加茂市加茂野町鷹之巣342
☎0574-54-1355

株式会社保谷納豆
東京都西東京市保谷町3-22-10
☎042-394-6600

ホクレン農業協同組合連合会
北海道札幌市中央区北4条西1-3
☎0120-103190

有限会社松田製麺所
山形県村山市大久保甲4455
☎0237-54-2038

マルカ味噌株式会社
千葉県東金市田間1976
☎0120-144139

マルカワ食品株式会社
北海道札幌市清田区平岡2条1-1-1
☎0120-710-503

マルサンアイ株式会社
愛知県岡崎市仁木町字荒下1
☎0564-45-3114

丸成商事株式会社
東京都練馬区豊玉北1-5-3
☎03-3994-5111(代表)

(有)マルテー通商
栃木県佐野市栃本町1532
☎0283-62-3444

丸中醤油株式会社
滋賀県愛知郡秦荘町東出229
☎0749-37-2719

株式会社ミトク
東京都港区芝5-31-10
通販事業部☎0120-744-441

宮武食品
石川県金沢市木越町タ140-1
☎076-238-6387

有限会社ムカイ
三重県志摩市阿児町志島948-1
☎0599-45-2014

日本レトルトフーズ(株)
愛知県岡崎市本宿町字南中町45
☎0564-48-6285

有限会社ネオファーム
神奈川県厚木市山際787-6
☎046-245-9625

(株)ノヴァ
埼玉県北本市中丸3-3
☎048-592-6491

有限会社パイオニア企画
神奈川県横浜市金沢区幸浦1-15-5
☎045-773-4802

株式会社はくばく
山梨県南巨摩郡増穂町最勝寺1351
☎0556-22-8989

(有)箱根牧場
北海道千歳市東丘1201
☎0123-21-3066

羽二重豆腐株式会社
石川県金沢市西金沢2-162
☎076-249-1171

濱田産業株式会社
神奈川県伊勢原市桜台1-9-9
☎0463-92-2221

株式会社浜富海苔
東京都大田区大森北2-5-9
☎03-3761-5123

株式会社ビオ・マーケット
大阪府豊中市名神口1-8-1
☎06-6866-1438

彦島吉野水産(有)
山口県下関市彦島西山町4-9-6
☎0832-67-0004

ベストアメニティ株式会社
福岡県久留米市三潴町田川32-3
☎0942-64-5572

# 材料別料理さくいん

## テンペ
- テンペのマリネ風サラダ …… 54
- テンペとブロッコリーのみそ炒め …… 76
- テンペのきんぴら …… 88
- テンペの竜田揚げ …… 125

## 魚
- 白身魚の木の芽みそ焼き …… 64
- 白身魚のそぼろごはん …… 82
- 揚げ魚の甘酢あんかけ …… 132
- 白身魚のムニエル 枝豆ソース …… 133
- 鯛の潮汁・白身魚の香り煮 …… 133

## 野菜

### にんじん
- 天ぷらそば …… 52
- テンペのマリネ風サラダ …… 54
- きんぴらの玄米バーガー …… 58
- ミネストローネ風スープ …… 60
- 根菜のポトフ …… 72
- パリパリピクルス …… 76
- なます …… 78
- にんじんのナムル …… 82
- 玄米コロッケ …… 84
- 温野菜サラダ 豆腐マヨネーズ …… 84
- テンペのきんぴら …… 88
- きんぴらごぼう …… 98
- にんじんのホットサラダ …… 99
- にんじんともやしのナッツあえ …… 99
- 五目豆 …… 101

### ごぼう
- きんぴらの玄米バーガー …… 58
- テンペのきんぴら …… 88
- みそ煮込みうどん …… 95
- きんぴらごぼう …… 98
- ごぼうのかき揚げ …… 100
- ごぼうのごまみそ煮 …… 100
- 五目豆 …… 101

### 大根・かぶ
- かぶの葉ふりかけ …… 37
- かぶのあんかけがゆ …… 45
- 塩もみ大根 …… 56
- 大根の梅おじや …… 62
- かぶの即席漬け …… 68
- 根菜のポトフ …… 72
- 岩のりのおろしあえ …… 74
- なます …… 78
- ふろふき大根 …… 106
- かぶと油揚げの煮浸し …… 107
- 大根のパリパリサラダ …… 107
- かぶのゆずしょうゆあえ …… 107
- 干ししいたけと大根のうま煮 …… 117
- 高野豆腐とかぶのみそ煮 …… 131

- 納豆おやき …… 122
- 納豆と五色野菜のあえ物 …… 123
- 納豆とわかめの酢じょうゆあえ …… 123
- 厚揚げの納豆はさみ焼き …… 128

### 豆腐
- 豆腐とわかめの麦みそ汁 …… 50
- 海藻サラダ 梅豆腐ドレッシング …… 52
- 豆腐ハンバーグ …… 60
- 湯豆腐 …… 66
- 豆腐のみそおじや …… 74
- きくらげと豆腐の中華風スープ …… 78
- 温野菜サラダ 豆腐マヨネーズ …… 84
- 麻婆豆腐 …… 90
- れんこんと豆腐の揚げだんご …… 102
- かぼちゃの豆乳グラタン …… 104
- ひじきの白あえ …… 113
- 干ししいたけと豆腐のとろとろ煮 …… 116
- 豆腐の梅すまし汁 …… 120
- 豆腐ステーキ …… 126
- 豆腐の豆乳鍋 …… 127
- 豆腐とチンゲン菜の中華風炒め煮 …… 127
- 豆腐とセイタンのメンチカツ …… 129
- ぶどうの白あえ …… 137

### 豆乳
- きのこの豆乳リゾット …… 40
- 豆乳みそおじや …… 42
- グリーンピーススープ …… 54
- 豆乳のブラマンジェ …… 72
- 豆乳黒ごまスープ …… 80
- かぼちゃの豆乳グラタン …… 104
- 豆乳のコーンポタージュ …… 120
- 豆腐の豆乳鍋 …… 127
- 黒豆ムース …… 135

### 豆製品
- 簡単いなりすし …… 43
- 玉ねぎと油揚げのみそ汁 …… 56
- 卯の花炒り …… 64
- 五目いなりすし …… 70
- ガドガド …… 78
- 海藻とゆばのサラダ ごま酢みそドレッシング …… 80
- 厚揚げのごま炊き …… 82
- キャベツと油揚げのみそ汁 …… 86
- きつねうどん …… 88
- さやいんげんのゆば巻き揚げ …… 111
- 干ししいたけと厚揚げの炒め物 …… 117
- 厚揚げの納豆はさみ焼き …… 128
- 油揚げのねぎみそ焼き …… 128
- ゆばの香味サラダ わさびじょうゆドレッシング …… 129

### 高野豆腐
- 高野豆腐の含め煮 …… 68
- 高野豆腐のフライ …… 130
- 高野豆腐とかぶのみそ煮 …… 131
- 高野豆腐の煮物 …… 131
- 高野豆腐とそら豆のごまあえ …… 131

## 穀類・粉製品

### 玄米
- 基本の玄米ごはん …… 31
- 基本の玄米がゆ …… 34
- きのこの豆乳リゾット …… 40
- 香味みそおにぎり …… 41
- ひじきのしょうが煮の混ぜごはん …… 42
- 豆乳みそおじや …… 42
- 簡単いなりすし・玄米の冷汁風 …… 43
- 小豆玄米がゆ・かぼちゃ玄米がゆ …… 44
- 木の実がゆ・かぶのあんかけがゆ …… 45
- ごま塩おにぎり …… 50
- 玄米おかゆ …… 56
- きんぴらの玄米バーガー …… 58
- 大根の梅おじや …… 62
- 牛丼風味の玉ねぎ＆干ししいたけうま煮のせごはん …… 66
- 玄米梅がゆ …… 68
- 五目いなりすし …… 70
- 豆腐のみそおじや …… 74
- 白身魚のそぼろごはん …… 82
- 玄米コロッケ …… 84
- 納豆とろろ丼 …… 86

### 粉・粉製品
- 天ぷらそば …… 52
- 全粒粉のクレープ …… 80
- きつねうどん …… 88
- くずきり …… 88
- そばがき …… 94
- そばサラダ …… 95
- みそ煮込みうどん …… 95
- 全粒粉パスタのペペロンチーノ …… 96
- 和風きのこパスタ …… 96
- 全粒粉のくるみパン …… 97
- 納豆おやき …… 122
- ソフトかりんとう3種 …… 138

## 豆・豆製品

### 豆類
- 小豆玄米がゆ …… 44
- れんこんと大豆の梅あえ …… 70
- 玄米コロッケ …… 84
- あずきとかぼちゃの煮物 …… 86
- 五目豆 …… 101
- ガルバンゾーサラダ …… 124
- 大豆と切り昆布の煮物 …… 124
- キドニービーンズ（金時豆）のマリネ …… 125
- 黒豆ムース …… 135
- かぼちゃの茶巾 あずきがけ …… 136
- ソフトかりんとう3種 …… 138

### 納豆
- 納豆とろろ丼 …… 86
- 納豆みそ汁 …… 118

158

全粒粉のくるみパン …97
にんじんともやしのナッツあえ …99
かぼちゃのサラダ …105
愛玉子風寒天ゼリー …134

### その他の乾物
きくらげとブロッコリーのごま酢あえ …64
牛丼風味の玉ねぎ＆干しいたけうま煮のせごはん …66
お麩とわかめのみそ汁 …66
きくらげと豆腐の中華風スープ …78
生春巻き …78
オニオングラタンスープ …84
きくらげの佃煮 …90
春雨サラダ …90
小松菜と板麩の炒め煮 …110
春雨と白菜のあっさりスープ …120
高野豆腐の煮物 …131

## 海藻類

### ひじき
ひじきと枝豆のサラダ …112
ひじきの煮物・ひじきの白あえ …113
ひじきともやしの酢の物 …113

### その他の海藻類
青のりのふりかけ …37
のりの佃煮 …38
昆布の佃煮 …38
豆腐とわかめの麦みそ汁 …50
海藻サラダ 梅豆腐ドレッシング …52
キャベツと塩昆布のあえ物 …62
お麩とわかめのみそ汁 …66
もずくのみそ汁 …68
切り昆布のサラダ …72
岩のりのおろしあえ …74
海藻とゆばのサラダ ごま酢みそドレッシング …80
もずく酢 …88
中華風わかめスープ …90
キャベツののりあえ …110
切り干し大根と切り昆布のハリハリ漬け …115
納豆とわかめの酢じょうゆあえ …123
大豆と切り昆布の煮物 …124

### こんにゃく
こんにゃくの炒め煮 …76
切り干し大根とこんにゃくの炒め物 …115

### 寒天
愛玉子風寒天ゼリー …134
黒豆ムース …135

## その他の食材

### コーフー・セイタン
豆腐ハンバーグ …60
麻婆豆腐 …90
豆腐とセイタンのメンチカツ …129

パリパリピクルス …76
生春巻き …78
全粒粉のクレープ …80
海藻とゆばのサラダ ごま酢みそドレッシング …80
オニオングラタンスープ …84
納豆とろろ丼 …86
キャベツと油揚げのみそ汁 …86
オニオンフライ …108
ねぎの豆乳煮 …109
ラーパーツァイ風白菜漬け …109
キャベツののりあえ …110
小松菜と板麩の炒め煮 …110
さやいんげんのゆば巻き揚げ …111
ひじきともやしの酢の物 …113
オクラとみょうがのみそ汁 …118
冬瓜のとろとろスープ …120
豆乳のコーンポタージュ …120
春雨と白菜のあっさりスープ …120
納豆と五色野菜のあえ物 …123
豆腐とチンゲン菜の中華風炒め煮 …127
ゆばの香味サラダ わさびじょうゆドレッシング …129

## 果物
りんごのレモンマリネ …58
豆乳のブラマンジェ …72
くずきり …88
りんごのコンポート …137
ぶどうの白あえ …137

### 梅干し
カリカリ梅のふりかけ …37
海藻サラダ 梅豆腐ドレッシング …52
大根の梅おじや …62
れんこんと大豆の梅あえ …70
豆腐の梅すまし汁 …120

## 乾物

### 干ししいたけ
干ししいたけと豆腐のとろとろ煮 …116
干ししいたけの甘辛煮 …117
干ししいたけと厚揚げの炒め物 …117
干ししいたけと大根のうま煮 …117

### 切り干し大根
切り干し大根の煮物 …114
切り干し大根とこんにゃくの炒め物 …115
切り干し大根と切り昆布のハリハリ漬け …115
切り干し大根のナムル風 …115

### ごま・木の実
ごま塩 …36
青のりのふりかけ …37
カリカリ梅のふりかけ …37
かぶの葉ふりかけ …37
木の実がゆ …45
全粒粉パスタのペペロンチーノ …96

### れんこん
れんこんのゆかり漬け …39
れんこんフライ …54
れんこんの甘酢漬け …62
れんこんと大豆の梅あえ …70
根菜のポトフ …72
れんこんと豆腐の揚げだんご …102
れんこん炒め煮 …103
れんこんのフリット …103
れんこんのわさびじょうゆ焼き …103

### かぼちゃ
かぼちゃ玄米がゆ …44
かぼちゃの洋風茶巾 …60
根菜のポトフ …72
かぼちゃのグラッセ …80
あずきとかぼちゃの煮物 …86
みそ煮込みうどん …95
かぼちゃの豆乳グラタン …104
かぼちゃの煮物 …105
かぼちゃのサラダ …105
かぼちゃの天ぷら …105

### ブロッコリー・カリフラワー
きくらげとブロッコリーのごま酢あえ …64
テンペとブロッコリーのみそ炒め …76
ガドガド …78
温野菜サラダ 豆腐マヨネーズ …84
ブロッコリーのごまみそあえ …110

### きのこ
きのこの豆乳リゾット …40
温野菜サラダ 豆腐マヨネーズ …84
きくらげの佃煮 …90
和風きのこパスタ …96
きのこの梅あえ …109
豆腐ステーキ …126

### 枝豆・そら豆・グリーンピース
グリーンピーススープ …54
そばサラダ …95
ひじきと枝豆のサラダ …112
高野豆腐とそら豆のごまあえ …131
白身魚のムニエル 枝豆ソース …133

### その他の野菜
みょうがの甘酢漬け …39
香味みそおにぎり …41
海藻サラダ 梅豆腐ドレッシング …52
いんげんのごまあえ …52
玉ねぎと油揚げのみそ汁 …56
コールスロー …58
セロリとゆかりの浅漬け …60
キャベツと塩昆布のあえ物 …62
牛丼風味の玉ねぎ＆干しいたけうま煮のせごはん …66
おかひじきのサラダ …66
切り昆布のサラダ …72
白菜のゆず風味漬け …74

<監修>
## 長澤池早子（ながさわ　ちさこ）

管理栄養士。女子栄養短期大学卒業。東京大学医学部老人科研究室を経て、現在、赤堀栄養専門学校講師（栄養学・臨床栄養学）や病院の栄養カウンセラーなどを務める。小学校や保育園での育児相談、学校給食調理師の講習会、講演会、雑誌、ラジオなど多方面にわたって活躍している。数年前にマクロビオティックに出会い、毎日の食生活で実践中。著書に「元気な子どもにおいしい献立」（共著・文園社）「子供を強くする100の食材」（成美堂出版）など。

## Staff

| | |
|---|---|
| 撮影 | 松島均 |
| デザイン | 羽田野朋子 |
| 企画・編集協力 | 長谷川美喜（食のスタジオ） |
| 編集アシスタント | 吉岡久美子（食のスタジオ） |
| 取材・文 | 神崎のりこ |
| レシピ制作・調理・スタイリング | 牛尾理恵・太田静栄（食のスタジオ） 池田桂子 |
| イラスト制作 | 角口美絵 |

<参考文献>
改訂調理用語辞典（社団法人　全国調理師養成施設協会）
コツと科学の調理事典（医歯薬出版株式会社）
マクロビオティックガイドブック（日本CI協会・正食協会共編）

## はじめてのマクロビオティック

監　修　長澤池早子
発行者　深見悦司
発行所　成美堂出版
　　　　〒162-8445　東京都新宿区新小川町1-7
　　　　電話(03)5206-8151　FAX(03)5206-8159
印　刷　大日本印刷株式会社

©SEIBIDO SHUPPAN 2004　PRINTED IN JAPAN
ISBN978-4-415-02833-0
落丁・乱丁などの不良本はお取り替えします
定価はカバーに表示してあります

・本書および本書の付属物は、著作権法上の保護を受けています。
・本書の一部あるいは全部を、無断で複写、複製、転載することは禁じられております。